AF346622

# THÉORIE

## DE LA

# MONNAIE

# THÉORIE

## DE LA

# MONNAIE

### PAR

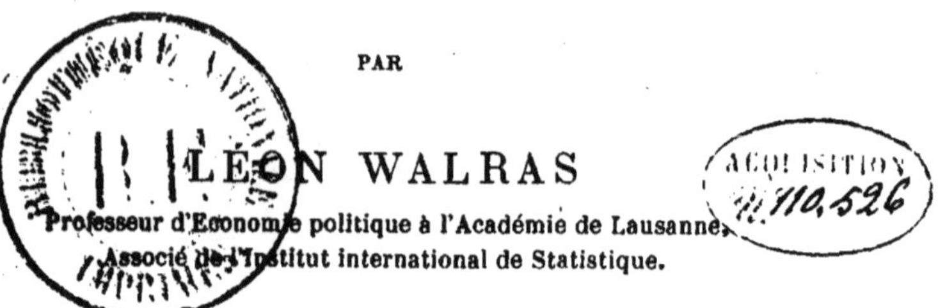

## LÉON WALRAS

Professeur d'Économie politique à l'Académie de Lausanne,
Associé de l'Institut international de Statistique.

---

## LAUSANNE

IMPRIMERIE CORBAZ & C$^{ie}$, ÉDITEURS

| PARIS | | ROME |
|---|---|---|
| L. LAROSE & FORCEL | | LOESCHER & C$^{ie}$ |
| 22, rue Soufflot. | | Corso, 307. |

## LEIPZIG

VERLAG VON DUNCKER & HUMBLOT

## 1886

Tous droits réservés.

L'introduction qui suit expliquera comment j'ai été amené à rédiger les deux premières parties de cette THÉORIE DE LA MONNAIE, celles qui sont intitulées : *Exposition des principes* et *Critique des systèmes*. J'ai écrit la troisième, celle qui a pour titre : *Desiderata statistiques*, en juin et juillet de cette année, dans un moment où j'espérais pouvoir assister à une réunion de statisticiens et d'économistes parmi lesquels se seraient trouvés quelques-uns des hommes les plus compétents du monde entier en matière de monnaie. Il m'avait semblé que je devais soumettre à de telles autorités un mode précis, défini, de régularisation de la variation de valeur de la monnaie, quelque imparfait qu'il pût être, venant d'un économiste qui n'est pas statisticien, et que, de la discussion, de la critique, de la réfutation même qui serait faite de cette ébauche, sortirait peut-être la notion d'un système susceptible d'être mis immédiatement en pratique. Cette occasion m'ayant manqué, j'ai cru devoir faire part de mon idée au public d'hommes de science et de professeurs dont l'attention et la bienveillance m'ont encouragé jusqu'ici. Mais, en effectuant cette publication, je répète que je fais volontiers bon marché de ma combinaison statistique pour ne m'attacher sérieusement qu'à ma conclusion économique telle qu'un de mes correspondants anglais, M. Aneurin Williams, l'a très heu-

*

reusement formulée en m'écrivant ces lignes : — « I have been particularly interested in your suggestion of *billon régulateur*. I have no doubt that a vast social improvement will some day be brought about by regulating the standard of value, instead of allowing it to vary hap-hazard as at present. » — « Régler la valeur de l'étalon monétaire au lieu de la laisser varier au hasard », tout est là! Le mono-métallisme s'abandonne entièrement au hasard; le bimétallisme s'y soustrait déjà tant soit peu; le système de la monnaie d'or avec billon d'argent régulateur, pratiqué dans les conditions de mon quadrige monétaire, s'en affranchirait, ce me semble, beaucoup plus; si l'on me montre un système encore meilleur, je suis prêt à m'y rallier [1].

Un dernier mot. Au moment où j'achève l'impression de mon opuscule, je reçois la première partie d'un travail considérable dans lequel M. E. de Bœhm-Bawerk, professeur d'économie politique à l'Université d'Innsbruck, expose la même théorie de la valeur que j'ai exposée moi-même dans mes précédents ouvrages et qu'on trouvera résumée au § II de la 1re partie de la présente *Théorie de la monnaie*, et dont les dernières lignes m'ont vivement ému non-seulement à cause de la manière si flatteuse dont j'y suis nommé, mais aussi en raison d'une observation que je désire m'approprier pour y insister ici parce qu'elle s'accorde entièrement avec ma conviction la plus profonde et la plus intime ainsi qu'avec la pensée véritable qui a présidé à l'élaboration de cette étude.

[1] Pendant que je corrige les épreuves de cette préface, m'arrive une brochure de M. H.-S. Foxwell : — *Irregularity of Employment and Fluctuations of Prices (Claims of Labour Lectures*, n° 6). Edinburgh, 1886, — où l'idée de régler la valeur de l'étalon monétaire est nettement acceptée et vivement soutenue.

« In unseren Tagen, sehen wir, dit M. de Bœhm-Bawerk, wie gleichzeitig die originellsten Denker der verschiedensten fremden Nationen, ein Jevons, ein Pierson, ein Walras, jeder in seiner Art, die neue Lehre vom Grenznutzen zum Aufbau der Tauschwertgesetze zu verwerten beginnen : sollte hierin nicht eine starke Bürgschaft liegen, dass die Theorie vom subjektiven Wert doch mehr als eine müssige Gedankenspielerei, dass sie ein fruchtbares Fundament unserer Wissenschaft ist ? [1] » — Le *Grenznutzen* de M. de Bœhm-Bawerk n'est autre chose que la *Grösse des Genusses in dem Augenblick in welchem seine Bereitung abgebrochen wird* ou le *Werth des letzten Atoms* de Gossen [2], que le *Final Degree of Utility* de Jevons [3], et que mon *intensité du dernier besoin satisfait* ou ma *rareté* [4] qui se confond elle-même, à cela près qu'elle est conçue comme une grandeur mathématique, avec la *rareté* telle que la définissait A.-A. Walras mon père [5], il y a cinquante-cinq ans, par la coexistence de l'utilité et de la limitation dans la quantité.

[1] *Grundzüge der Theorie des wirtschaftlichen Güterwerts.* Separatabdruck aus den *Jahrbüchern für Nationalökonomie und Statistik*. N. F. Bd. XIII. Jena, 1886.

[2] *Entwickelung der Gesetze des menschlichen Verkehrs, und der daraus fliessenden Regeln für menschliches Handeln*. Braunschweig, 1854. — M. de Bœhm-Bawerk ignore évidemment l'existence de Gossen. Quand il se sera renseigné à cet égard, il reconnaîtra combien l'absence d'une mention du nom et du livre de cet auteur constitue une lacune regrettable dans sa *Théorie de la valeur*.

[3] *The Theory of Political Economy*. London, 1871.

[4] *Eléments d'économie politique pure ou Théorie de la richesse sociale*. Lausanne, 1874-1877. — *Théorie mathématique de la richesse sociale*. Lausanne, 1883.

[5] *De la nature de la richesse et de l'origine de la valeur*. Evreux, 1831.

Il est bien vrai, d'ailleurs, que « des esprits très originaux, dans des pays très divers, s'efforcent, à l'heure qu'il est, de faire reposer sur cette idée tout le système des lois de la valeur et de l'échange ». Ainsi font, à ma connaissance, non-seulement M. le professeur Carl Menger [1], de Vienne, M. le professeur F. de Wieser [2], de Prague, M. le professeur N.-G. Pierson [3], d'Amsterdam, suivis ou cités par M. de Bœhm-Bawerk, mais encore MM. les professeurs Alfred Marshall [4] et Henry Sidgwick [5], de Cambridge, M. le professeur H.-S. Foxwell, de Londres, M. F.-Y. Edgeworth, M. A. [6], le Révd P.-H. Wicksteed, M. le professeur J. d'Aulnis de Bourouill [7], d'Utrecht, M. le professeur H.-B. Greven, de

[1] *Grundsätze der Volkswirthschaftslehre*. Wien, 1871-1872.

[2] *Ueber den Ursprung und die Hauptgesetze des wirthschaftlichen Werthes*. Wien, 1884.

[3] *Leerboeck der Staatshuishoudkunde*. Eerste Deel. Haarlem, 1884. — *Grondbeginselen der Staatshuishoudkunde*. Tweede Druk. Haarlem, 1886.

[4] *Economics of Industry*. London, 1881. — M. Alfred Marshall enseignait publiquement la théorie de la « Final Utility » sous le nom de théorie de la « Terminal Value in Use » dans des leçons faites à Cambridge avant la publication, en 1871, de l'ouvrage de Jevons. Le désir de pousser ses études dans le sens de l'application pratique puis la maladie l'empêchèrent de publier ses recherches. On trouve seulement, dans les procès-verbaux de la Société philosophique de Cambridge, une courte note mentionnant la lecture par lui faite, le 30 octobre 1873, d'un petit mémoire dans lequel il exposait, paraît-il, avant moi la théorie de l'équilibre instable.

[5] *Methods of Ethics*. London, 1874. — *Principles of Political Economy*. London, 1883.

[6] *Mathematical Psychics. An Essay on the Application of Mathematics to the Moral Sciences*. London, 1881.

[7] *Het Inkomen der Maatschappij, eene proeve van theoretische Staatshuishoudkunde*. Leiden, 1874.

Leyde, le général Francis A. Walker Ph. D., LL. D., prési-
sident de l'Institut de Technologie du Massachusetts [1], M. le
professeur Charles Gide [2], de Montpellier, M. le professeur
Wilhelm Launhardt [3], de Hanovre, M. le Dr G.-B. Antonelli [4].
Comme le dit M. de Bœhm-Bawerk, ces économistes pro-
cèdent « chacun à sa manière ». Les uns, comme mon père
et comme M. Menger, usent du langage ordinaire. M. de
Bœhm-Bawerk est de ceux-là. Les autres, comme Gossen
et comme Jevons, se servent du langage mathématique. Je
me range parmi ces derniers ; mais à Dieu ne plaise que
j'élève une discussion sur ce sujet ! Je crois, quant à moi,
que, lorsqu'il s'agit d'étudier des rapports essentiellement
quantitatifs comme sont les rapports de valeur, le raisonnement mathématique permet une analyse bien plus
exacte, plus complète, plus claire et plus rapide que le
raisonnement ordinaire et a, sur ce dernier, la supério-
rité du chemin de fer sur la diligence pour les voyages.
Mais je sais que beaucoup de personnes ont de la répu-
gnance à apprendre les mathématiques, comme autrefois
nombre de gens en avaient à monter en chemin de fer ; et
je suis on ne peut plus reconnaissant à ceux de mes con-
frères et collègues qui prennent soin d'amener, au moyen
d'un véhicule quelconque, ces personnes dans le pays
nouveau qu'il s'agit pour nous d'explorer et de coloniser,
sûr qu'un jour viendra où les anciens modes de locomo-
tion céderont complètement la place aux nouveaux. L'essentiel est qu'une école se forme sur le terrain de notre

[1] *Political Economy*. New-York, 1883.
[2] *Principes d'économie politique*. Paris, 1884.
[3] *Mathematische Begründung der Volkswirthschaftslehre.* Leip-
zig, 1885.
[4] *Sulla teoria matematica della economia politica*. Capitolo
primo : *Concetto di utilità*. Pisa, 1886.

théorie de la valeur et de l'échange; or cette école tend évidemment de jour en jour à se constituer, et « il y a là, en effet, pour nous, une forte preuve que la théorie de la valeur subjective n'est pas un simple jeu d'esprit, mais la pierre angulaire de toute l'économie politique ». — Mais s'il en est ainsi, l'heure actuelle n'est-elle pas décisive? En fait de science sociale comme en fait de science naturelle, la théorie pure est la lumière de la théorie appliquée. Quand nous connaîtrons bien à fond le mécanisme, encore si imparfaitement connu jusqu'ici, de la libre concurrence en matière d'échange, de production et de capitalisation, nous saurons exactement jusqu'à quel point il est un mécanisme automoteur et autorégulateur et dans quels cas il faut aider et gouverner sa marche. Alors, nous serons dispensés de prendre parti dans la lutte interminable et fastidieuse des socialistes qui ne savent que faire intervenir l'État à tout propos et des économistes qui ne savent que laisser faire l'individu en tout et partout; et nous pourrons nous ranger à des théories qui, rationnellement et par principe, traceront la ligne de démarcation entre les droits et devoirs de l'individu et les droits et devoirs de l'État, dans toutes les catégories relatives à la production et à la répartition de la richesse. Ce n'est pas tout. En fait de progrès social comme en fait de progrès industriel, la théorie pure et appliquée, est la lumière de la pratique. Quand nous aurons tracé le plan d'une organisation normale de la production et de la répartition de la richesse, nous verrons clairement en quoi leur organisation actuelle est satisfaisante et en quoi elle est défectueuse et doit être modifiée. Alors, nos enfants ou nos petits-enfants, au XXe siècle, pourront refuser de se laisser ballotter, comme nous l'avons été durant tout le XIXe, d'un conservatisme béat qui trouve tout excellent, tout admirable, depuis les monopoles des mines, des chemins de fer et de l'émission des billets de banque jusqu'aux impôts de consommation, à un progressisme brouillon qui bouleverse tout à tort et à travers ; et ils seront à même de prendre des mesures à la fois prudentes et hardies en vue de réformer, les unes après les autres, les conditions légales de la monnaie, de l'agriculture, de l'industrie, du commerce, du crédit, de la spéculation, de l'association, de l'assurance, de la propriété, de l'impôt.

Ainsi, élaborer d'abord l'économie politique pure en vue de l'économie politique appliquée, et élaborer ensuite l'économie politique appliquée en vue des réformes économiques : telle est l'œuvre dont la conception de la *rareté* est le point de départ. Je ne saurais affirmer que cette idée soit celle de M. de Bœhm-Bawerk ni d'aucun des économistes qui travaillent, comme lui et moi, à dégager cette conception. Mais je dois déclarer qu'elle est la mienne, tout opposée qu'elle soit à l'absence totale de philosophie de la science et de science pure qui se décore en ce moment du titre de méthode expérimentale et qui n'est, à mes yeux, qu'un plat et stérile empirisme. De 1870 à 1877, je me suis efforcé de déduire de la théorie de la rareté une théorie générale de la détermination des prix sous le régime de la libre concurrence. Depuis lors, j'ai tâché de déduire successivement de cette théorie de la détermination des prix une démonstration rigoureuse de la loi de plus-value de la rente dans une société progressive, en vue d'une théorie nouvelle de la propriété, et une démonstration rigoureuse de la loi de proportionnalité des prix à la quantité de monnaie en circulation, en vue d'une théorie nouvelle de la monnaie. La question de la monnaie m'intéresse donc à un double titre : à cause de son importance et de son actualité propres et, plus encore peut-être, parce qu'elle se prête à une des premières et des plus décisives applications de mon système d'économie politique pure. Je me dis : « Voici, en définitive, une question qui se présente en tête de la liste des questions économiques et sur laquelle il est patent que nos hommes de science et hommes d'Etat de l'école soi-disant expérimentale hésitent et tâtonnent à plaisir. Si nous étions assez heureux pour la résoudre théoriquement et pratiquement au moyen de principes nouveaux, ces principes serviraient ensuite à résoudre théoriquement et pratiquement toutes les autres questions économiques et sociales ». Le système d'économie politique pure dont je viens de parler a été exposé dans mes ÉLÉMENTS D'ÉCONOMIE POLITIQUE PURE (1874-1877) dont la première édition est à peu près épuisée et dont la seconde a été retardée précisément par le renouvellement de ma théorie de la monnaie. Il l'a été aussi dans ma THÉORIE MATHÉMATIQUE DE LA RICHESSE SOCIALE (1883). Je ne saurais trop engager mes lecteurs à chercher dans ce dernier ouvrage la démonstration des théorèmes sur lesquels repose la *Théorie de la monnaie* que je leur offre aujourd'hui [1].

---

[1] Les quatre premiers mémoires de la *Théorie mathématique de la richesse sociale* intitulés respectivement : *Principe d'une théorie mathématique de l'échange* (1873), *Equations de l'échange* (1875), *Equations de la production* (1876), *Equations de la capitalisation et du crédit* (1876), et qui contiennent la théorie mathématique de la détermination des prix sous le régime de la libre concurrence, ont été traduits en italien sous le titre de *Teoria matematica della ricchezza sociale (Biblioteca dell' Economistà.* 1878) et en allemand sous le titre de *Mathematische Theorie der Preisbestimmung der wirthschaftlichen Güter* (Stuttgart, Verlag von Ferdinand Enke. 1881).

# INTRODUCTION

## RÉPONSE A QUELQUES OBJECTIONS

---

La question de la monnaie et celle de l'émission des
billets de banque sont deux questions d'économie politique appliquée sur lesquelles mes recherches d'économie politique pure m'ont amené peu à peu à changer
complètement d'opinion.

Dans la section III de mes ÉLÉMENTS D'ÉCONOMIE PO-
LITIQUE PURE (1874), intitulée : *Du numéraire et de la
monnaie*, je professais la doctrine du monométallisme-
or. J'avais, du reste, professé déjà cette même doctrine
en matière de circulation métallique, ainsi que la doctrine de la liberté d'émission en matière de circulation
fiduciaire, dans divers articles précédemment publiés,
notamment dans un article sur *Les erreurs du système
monétaire français* (*le Travail*, 31 mai 1867) et dans
un article intitulé : *Des billets de banque en Sui ss*

(*Bibliothèque universelle et Revue suisse*, juillet 1871).
Mais, dans cette même section des *Eléments*, se trouvait une 30e leçon, intitulée : *Problème de la valeur de la monnaie*, dans laquelle, au moyen de l'addition de deux fonctions ou de la superposition de deux courbes, j'expliquais comment la valeur totale d'une marchandise monnaie résultait à la fois, dans le système d'un étalon unique, de son usage comme marchandise et de son usage comme monnaie; et cette analyse était le premier pas fait dans une voie nouvelle.

Dans une *Note sur le 15 1/2 légal* insérée dans le *Journal des économistes* en décembre 1876, j'affirmais qu'on pouvait expliquer d'une manière analogue comment s'établissait et dans quelles limites se maintenait la proportion constante de valeur entre deux marchandises monnaies, dans le système du double étalon solidaire. — Je donnais cette explication dans la *Théorie mathématique du bimétallisme* insérée aussi dans le *Journal* en mai 1881. — Et, dans l'article intitulé : *De la fixité de valeur de l'étalon monétaire*, inséré dans le même recueil en octobre 1882, je démontrais la fixité de valeur de l'étalon bimétallique par rapport aux deux étalons monométalliques, en indiquant comment on pourrait obtenir une fixité plus grande encore au moyen d'un système consistant dans le monométallisme-or combiné avec un billon d'argent distinct de la monnaie divisionnaire, d'ailleurs tout à fait analogue à celui que constituent en fait nos pièces de 5 francs d'argent en ce moment, et qu'on introduirait dans la circulation ou qu'on en retirerait suivant les circonstances. — Ces trois études forment le mémoire intitulé : *Théorie mathématique du bimétallisme* qui est contenu dans ma Théorie mathématique de la richesse sociale (1883).

Dans l'intervalle de la composition et de la publication de la première et de la seconde, j'avais élaboré le mémoire sur la *Théorie mathématique du billet de banque*, lu à la Société vaudoise des sciences naturelles en novembre 1879 et qui est contenu dans le même volume que le précédent. Je m'y prononçais formellement contre toute émission de billets de banque.

En 1884, toujours préoccupé de ces questions, je fus de plus en plus frappé de ce que le système de *Monnaie d'or avec billon d'argent régulateur* auquel m'avait conduit le raisonnement était, en définitive, précisément celui auquel nous avaient amenés les faits ; et je le montrai dans l'article publié sous ce titre dans le numéro du 1ᵉʳ décembre 1884 de la *Revue de droit international*. Je demandais que l'état actuel des choses fût régularisé par l'emprunt à la monnaie d'or de la définition du franc et par l'érection du billon spécial d'argent en billon régulateur.

Il ne s'agissait plus que de rendre fixe, au moyen de ce billon d'argent régulateur, le prix du franc d'or, mais en quelle autre marchandise ? Je n'avais pas encore tiré ce point au clair lorsque, dans le courant de 1885, en relisant le volume de Jevons : *Investigations in Currency and Finance*, je crus que la courbe du prix moyen des autres marchandises en or, inverse de la courbe du prix moyen de l'or en les autres marchandises et où Jevons cherchait à tort la mesure des variations de valeur de l'or, était précisément la courbe qu'il fallait non pas rendre horizontale, mais faire onduler le long d'un axe horizontal ; et je développai cette thèse dans le mémoire intitulé : *D'une méthode de régularisation de la variation de valeur de la monnaie* que je communiquai à la Société vaudoise des sciences naturelles en mai 1885. — Enfin, dans le mémoire intitulé : *Contribution à l'étude des variations de prix depuis la suspension de la frappe des écus d'argent*, communiqué à la même société en juin 1885, j'essayai, avec l'aide de mon élève, M. Alfred Simon, de tracer la courbe du prix moyen en or de vingt marchandises prises sur le marché de Berne et de calculer l'affaissement de cette courbe pendant la période 1879-84 par rapport à la période 1871-78.

Telles sont bien exactement les huit étapes par lesquelles j'ai passé successivement en évoluant du monométallisme-or et de la liberté d'émission des billets de banque à la monnaie d'or avec billon d'argent régulateur et à l'interdiction de toute émission de billets de banque en lesquelles je résume aujourd'hui la théorie de la circulation. Ce système ayant été discuté à l'étranger, et même ayant eu la chance de ne pas passer inaperçu en France, grâce à M. Adolphe Coste et à M. Emile Cheysson qui l'ont tous deux exposé et combattu, le premier dans son ouvrage sur *Les questions sociales contemporaines*, le second dans un rapport présenté à la Société de statistique de Paris, dans sa séance du 16 décembre 1885, j'ai désiré mettre le public

à même de le juger ; et, pour cela, je l'ai résumé à
grands traits, en le rattachant, comme il convenait, à
la théorie d'économie politique pure d'où il a découlé,
dans la THÉORIE DE LA MONNAIE ci-après qu'a publiée la
*Revue scientifique* des 10 et 17 avril 1886. En outre, je
profiterai de l'occasion pour répondre brièvement aux
objections qui lui ont été faites, principalement à celles
de M. Cheysson qui est mathématicien, qui m'a lu avec
soin et m'a parfaitement compris, et qui a touché, dans
sa discussion, les points essentiels du problème. Je relèverai ces objections une à une, en faisant passer la
dernière en première ligne.

Enfin, dit M. Cheysson, même en admettant résolues toutes ces difficultés insolubles, la constance de la moyenne
géométrique des prix ne serait réalisée que pour l'être
de raison achetant toutes les marchandises qui ont concouru au calcul de la moyenne et précisément dans la
proportion où elles y ont concouru. Mais pour tous les
consommateurs en chair et en os, avec leur budget réglé
non d'après une formule, mais d'après leurs convenances
individuelles, les discordances éclateraient comme avant,
peut-être même avec aggravation [1].

Cette objection est à relever avant toutes les autres
parce qu'elle accuse chez mon éminent contradicteur
un point de vue général qui n'est pas du tout, ce me
semble, celui auquel il faut se placer ici. Je suppose

[1] J'extrais ce résumé du rapport de M. Cheysson du numéro
de janvier 1886 du *Journal de la Société de statistique de Paris*
contenant le procès-verbal de la séance de la Société du 16 décembre 1885 (p. 1 à 5).

que je fusse un inspecteur chargé d'élaborer un règlement pour la nourriture dans des collèges, des casernes ou des prisons, et que je prescrivisse de donner tous les jours un certain poids moyen de pain et de viande par tête, M. Cheysson m'objecterait apparemment que cette quantité conviendrait bien à « l'être de raison » doué de l'appétit moyen, mais qu'elle serait un peu trop faible ou un peu trop forte pour « tous les consommateurs en chair et en os » de mes établissements. J'en tombe d'accord; mais vaudrait-il mieux laisser mes pensionnaires à la discrétion de directeurs et de fournisseurs qui les laisseraient plus ou moins mourir de faim ? Je rapprocherai de cette objection de M. Cheysson une critique du même genre, mais cependant quelque peu différente, que m'a adressée un écrivain de la *Revue trimestrielle d'économie politique* de Berlin qui me fait aussi l'honneur de suivre très attentivement et de combattre très vivement mon système et qui, à propos de mes derniers mémoires, a cru devoir me faire observer que, selon que M. A ou M. B serait membre de la commission internationale de statistique chargée d'évaluer la différence du prix moyen des marchandises d'une période à l'autre, il serait ajouté ou retranché un peu plus ou un peu moins de billon régulateur (*Vierteljahrschrift für Volkswirtschaft*, etc., Jahrg. XXII, Bd. IV; S. 258). Sans doute! Mais, si j'ai la fièvre, il est probable aussi que, selon que j'enverrai chercher le docteur A ou le docteur B, je devrai prendre quelques milligrammes de plus ou de moins de sulfate de quinine. Est-ce là pourtant une raison de ne me point soigner ? La régularité de variation de la valeur de la marchandise monnaie ne saurait être obtenue que par voie de moyenne et d'une façon approximative, et c'est à ce point de vue qu'il faut examiner les divers procédés dont l'ensemble constitue la méthode régulatrice. C'est ce que je vais faire à présent en revenant à l'ordre suivi par M. Cheysson.

Rien n'est plus malaisé que d'établir exactement le prix d'une denrée quelconque à un moment donné. On peut citer comme exemple le prix du pain qui, à l'heure actuelle, dans Paris, varie d'un quartier à l'autre. Que serait-ce pour un grand pays, et *a fortiori* pour tous ceux qui composent l'Union latine ? Est-on sûr d'avance que les variations y seront parallèles ? En prendra-t-on la moyenne dans le résultat final ?

Je ne suis point statisticien ; mais quand, l'année dernière, j'ai voulu avoir des relevés de prix moyens annuels durant la période 1871-1884, j'en ai trouvé de tout préparés au Bureau cantonal de statistique à Berne. Ces prix se rapportaient seulement au marché de Berne. Serait-il bien difficile d'obtenir de même des prix se rapportant aux marchés principaux de la Suisse : Zurich, Bâle, Lausanne, Genève, et d'en tirer des prix moyens qui seraient relatifs à la Suisse entière ? Il faut croire que non ; car, depuis la rédaction et la mise au jour de mon mémoire, j'ai reçu de Paris une publication du ministère de l'agriculture, en date de juin 1885, contenant des *Tableaux des récoltes de la France en 1884*, avec des *Renseignements divers de statistique agricole* parmi lesquels figurent, aux pages

74 et 75, 76 et 77, un Tableau VIII du *Prix moyen, par département, des céréales, denrées alimentaires, fourrages, combustibles, etc. en 1884*, et, aux pages 80 et 81, un Tableau IX des *Prix moyens annuels, pour la France entière et pendant la dernière période de vingt ans, des céréales, de la farine, du pain, de la viande, des fourrages, etc.* Ces tableaux portent sur vingt marchandises qui sont presque exactement les mêmes que celles dont je me suis servi. Si je les avais eus plus tôt à ma disposition, je les aurais évidemment employés de préférence, à cause de leur caractère plus général.

Quelles seront les marchandises à élever à la dignité de types, et admettre à ce titre dans l'étalon multiple ? Or, de ce choix dépendent la variation définitive et, en dernière analyse, le jeu du régulateur. Avec une sélection habile, on saura bien faire ressortir la conclusion qu'on se sera assignée d'avance.

Les marchandises à élever à la dignité de types seront celles dont la statistique a été ou sera le plus facile à faire et qui seront vraisemblablement les plus importantes. On aura soin, par exemple, de joindre aux produits agricoles un certain nombre de produits industriels. Le choix de ces marchandises étant arrêté au moment du calcul, il n'y aura pas lieu de se précautionner contre « une sélection habile » par laquelle on arriverait à « la conclusion qu'on se serait assignée d'avance ». Et, au surplus, que signifient ces insinuations empruntées au répertoire ordinaire des plaisanteries de l'école orthodoxe sur l'incapacité de l'Etat ou de ses représentants en toute matière économique ? Si des ingénieurs des ponts et chaussées ou des mines étaient chargés du calcul dont il s'agit, admettraient-ils qu'on les accusât de s'être laissés corrompre par des détenteurs d'argent pour conclure à une forte introduction de billon régulateur dans la circulation ? Non, assurément. Eh bien, pourquoi lancer à tous les corps de fonctionnaires publics en général une injure que l'on ne souffrirait pas si elle s'adressait à l'un d'eux en particulier ? Qu'on y songe bien. Le jour où il serait généralement admis que le sentiment du devoir et de l'honneur professionnels ne suffisent plus à mettre les hommes qui sont chargés de poursuivre le bien de l'Etat au-dessus de la tentation d'en faire aisément le sacrifice, il faudrait renoncer à réaliser aucun progrès de quelque genre que ce fût.

Dans l'établissement de la moyenne, on ne peut, comme le fait M. Walras, songer à faire peser du même poids les marchandises d'inégale consommation, le pain et le fer, ou l'indigo et les plumes. Grosse complication à surmonter dans la pratique !

On pourrait répondre que les marchandises concourant à l'établissement de la moyenne seront justement les marchandises de grande consommation, le pain et le fer, et non l'indigo et les plumes. Mais, après tout, quelle si grosse complication y aurait-il à faire peser les marchandises adoptées d'un poids différent dans l'établissement de la moyenne en les classant en trois ou quatre catégories à chacune desquelles correspondrait un *coefficient de consommation ?*

Ici M. Cheysson met sous les yeux de la Société un diagramme représentant, d'après l'*Economist* de Londres, les variations des prix de vingt marchandises en Angleterre, de 1845 à 1854. C'est un écheveau confus, dans lequel il est bien difficile de démêler « la marée économique », et où s'accusent en soubresauts brusques des influences perturbatrices qui faussent les moyennes, comme la guerre de sécession en 1866 pour le prix du coton, la spéculation de 1873 pour celui du café.

Il est bien certain que les courbes de variation de prix d'un certain nombre de marchandises soumises à des variations propres d'utilité et de quantité doivent former un écheveau confus. Mais pour savoir si, oui ou non, on peut mettre en évidence le phénomène de la marée économique, il faut tirer de ces courbes particulières la courbe générale ou moyenne, en prenant, au besoin, quelques précautions à l'égard des marchandises affectées par des circonstances tout à fait exceptionnelles. Et c'est ce que M. Cheysson n'a pas fait. Jevons l'a fait à deux reprises. Il l'a fait dans le mémoire intitulé : *A Serious Fall in the Value of Gold ascertained and its Social Effects set forth* (1863), pour la période 1845-1862 ; et il l'a fait dans un autre mémoire intitulé : *The Variation of Prices and the Value of the Currency since 1782* (1865), pour la période 1782-1865 ; et, dans les deux cas, le phénomène de la marée économique s'est nettement accusé. Je ne sache pas qu'aucun statisticien français ait fait sur ce sujet des études qu'il soit possible d'opposer aux investigations de Jevons, et j'ai eu, au contraire, tout récemment le plaisir de voir se confirmer par une observation française les conclusions de l'économiste anglais. Jevons fait concorder les ondulations de la courbe du prix moyen des marchandises, correspondantes au mouvement de la marée économique, avec celles de la courbe du taux de l'escompte à la Banque d'Angleterre. Or M. Jacques Siegfried a donné, dans le *Temps* du 1ᵉʳ février dernier, un graphique des deux courbes du portefeuille et de l'encaisse de la Banque de France durant la période 1847-1885 d'après lequel le mouvement de la marée économique se discerne aussi clairement que possible, la marée haute et le reflux ayant lieu quand la courbe du portefeuille est au maximum et commence à s'abaisser tandis que la courbe de l'encaisse est au minimum et commence à s'élever, la marée basse et le flux ayant lieu quand la courbe du portefeuille est au minimum et commence à s'élever tandis que la courbe de l'encaisse est au maximum et commence à s'abaisser. Puisque la marée économique a lieu réellement en France comme en Angleterre, comment douter que son effet sur les prix ne se produise ?

Une autre difficulté statistique, c'est la connaissance de la circulation monétaire, qui est le second terme nécessaire pour mettre en jeu le régulateur. A supposer que l'on sache exactement le montant de la monnaie proprement dite, comment tenir compte de la circulation fiduciaire qui la supplée de plus en plus ? Ne sait-on pas que, dans les *Clearing-Houses*, la monnaie ne joue qu'un rôle insignifiant d'appoint (en 1883, à New-York, 192 millions sur un total de 244 milliards, moins de 1 pour 1000)? L'avenir semble nous préparer le spectacle de la décadence des métaux précieux par le perfectionnement du crédit.

Telle est la dernière des « difficultés insolubles » que m'oppose M. Cheysson. Or il se trouve qu'elle est résolue d'une façon très simple et très ingénieuse dans un article intitulé : *La circulation monétaire de la France d'après les recensements de 1868, 1878 et 1885*, qui se trouve immédiatement à la suite du *Procès-verbal de la séance du 16 décembre 1885*, dans le numéro de janvier 1886 du *Journal de la Société de statistique de Paris*, et qui reproduit une communication faite à cette Société par M. de Foville dans la séance du 21 octobre 1885. L'inventaire des monnaies contenues dans toutes les caisses publiques d'un pays étant fait, à un moment donné, le rapport du montant total de la plus récente émission de pièces de monnaie (de laquelle une fraction très faible a été fondue ou exportée) à la quantité des pièces de cette émission figurant dans l'inventaire fournit le rapport du montant total des pièces de monnaie circulant dans le pays à la quantité des pièces inventoriées. Il est vrai que, pour résoudre complètement le problème de la régularisation de la variation de la valeur de la monnaie, il faudrait connaître la quantité de métal marchandise comme la quantité de métal monnaie; mais la connaissance de cette dernière quantité n'en fournit pas moins une limite minima de la quantité de billon régulateur à ajouter ou à retrancher. Le montant de la circulation fiduciaire consistant en billets de banque est très connu ; et, quant au chiffre des compensations effectuées dans les *clearing-houses* ou autrement, son importance ne change rien à la position et sa connaissance est inutile à la solution du problème qui nous occupe. La quantité Q de la monnaie, le prix $p$ de cette monnaie en quelque autre marchandise, le montant total H des échanges à régler et le montant C des échanges qui se règlent par compensation étant reliés entre eux par l'équation

$$Qp = H - C,$$

laquelle devient, au bout d'un certain temps,

$$Q'p' = H' - C',$$

quels que soient, dans l'avenir, les perfectionnements du crédit, c'est-à-dire quel que soit le développement de C par rapport à H, il y aura toujours lieu et il y aura toujours moyen de ramener $p'$ à $p$ par un changement de Q' en Q" effectué selon la formule

$$Q'' = Q' \frac{p'}{p}$$

et qui ne suppose que la seule connaissance de $p$, $p'$ et Q'.

Après ces objections statistiques, M. Cheysson n'a fait qu'indiquer, sans y insister, les objections économiques qui combattent le système de M. Walras avec plus de force encore : à savoir, les dangers de l'intervention de l'État, qui, en cas d'erreur, déchaînerait d'épouvantables perturbations dans le monde des affaires et dans l'équilibre des finances publiques; ensuite, l'impuissance de ses efforts contre des courants d'une violence et d'une ampleur irrésistibles. Enfin, la baisse progressive du pouvoir d'achat est une sorte d'amortissement graduel des charges de l'Etat et des particuliers, un aiguillon pour le rentier oisif, une lente extinction des dettes, et tient lieu, comme l'a dit M. Léon Say, des lois agraires et des abolitions de dettes dans l'antiquité.

La peinture que trace M. Cheysson des conséquences désastreuses d'une application erronée de mon système fait frémir. Heureusement cette peinture est fort exagérée, comme il est aisé de s'en convaincre. L'intervention de l'Etat « déchaînerait, en cas d'erreur, d'épouvantables perturbations, etc. » Eh bien, on ne fera intervenir l'Etat que si la nécessité de son intervention s'impose avec une évidence absolue; et, s'il y a le moindre doute, on s'abstiendra, ce qui sera tout uniment la continuation du *statu quo*. On fera de même, après qu'on aura mis en œuvre toutes ses ressources, en présence de « courants d'une violence et d'une ampleur irrésistibles ». Et que si, comme je consens volontiers à le supposer pour un instant, l'Etat s'obstinait à intervenir à tort et à travers, je supplie mon savant contradicteur de bien remarquer ceci : c'est que, quand il aura remis assez de billon d'argent régulateur dans la circulation pour relever, sur le marché, le prix de l'argent au niveau du rapport légal de 15 1/2, il sera revenu au bimétallisme et devra s'arrêter là, et que quand, au contraire, il aura retiré de la circulation tout le billon d'argent régulateur qui s'y trouve, il sera arrivé au monométallisme-or et ne pourra pas aller plus loin. Le *statu quo*, le bimétallisme et le monométallisme-or, telles sont donc les trois limites extrêmes entre lesquelles l'Etat peut se mouvoir, dans mon système, soit en demeurant stupidement inerte, soit en procédant d'une façon désordonnée dans le sens ou de l'introduction ou du retrait du billon régulateur.

Que M. Cheysson se rassure donc : mon billon régulateur n'est point du tout l'instrument dangereux qu'il se figure. Mais il y a plus : cet instrument est le seul qui puisse permettre à M. Cheysson lui-même de réaliser son propre idéal monétaire. M. Cheysson considère, avec M. Léon Say, « la baisse progressive du pouvoir d'achat de la monnaie » comme un fait heureux et désirable parce qu'il constitue « une sorte d'amortissement graduel des charges de l'Etat et des particuliers » qui « tient lieu des lois agraires et des abolitions de dettes dans l'antiquité ». Je ne partage pas, quant à moi, cette manière de voir, et voici pourquoi. Les petits débiteurs sont ou des consommateurs ou des emprunteurs à courte échéance qui ne retireraient en aucune façon d'une baisse progressive du pouvoir d'achat de la monnaie le soulagement qu'ils retiraient autrefois de la remise pure et simple de leurs dettes à un moment donné. Les seuls débiteurs qui profiteraient d'une telle baisse seraient les emprunteurs à long terme qui sont tous de très gros débiteurs, savoir l'Etat et les grandes entreprises industrielles. Dans une entreprise de mine ou de chemin de fer, par exemple, le résultat bien certain de la com-

binaison serait de faire passer toute la valeur et la
propriété de l'entreprise des mains des porteurs d'obli-
gations aux mains des actionnaires, c'est-à-dire des
petits capitalistes aux gros. Ainsi, comme faveur faite
à l'Etat, cette combinaison s'inspire du plus mauvais
communisme; et, comme faveur faite à certains particuliers, elle constitue un avantage de plus ajouté à
tous ceux dont disposent déjà les gros capitaux. Tel
est du moins mon avis; mais j'admets que je me trompe
et qu'en réalité le meilleur système monétaire soit
celui qui permettrait à l'Etat et aux grandes compa-
gnies de payer leurs dettes en monnaie de singe, par
lequel des systèmes en présence M. Cheysson espère-
t-il atteindre ce but? Ce n'est pas par le *statu quo* où
l'on voit déjà se produire non la baisse, mais la hausse
du pouvoir d'achat de la monnaie, ni par le monométallisme-or dans lequel on verrait cette hausse s'accen-
tuer bien davantage. Serait-ce par le bimétallisme?
Mais le bimétallisme amènerait, selon toute probabi-
lité, une baisse non pas progressive et lente, mais subite
et considérable du pouvoir d'achat de la monnaie qui
ruinerait tout d'un coup les petits capitalistes au profit
de l'Etat et des gros capitalistes. Je ne vois en vérité
que le système de la monnaie d'or avec billon d'argent
régulateur, auquel je persiste à demander, pour ma
part, la constance moyenne des prix, qui puisse aussi
bien en donner à M. Cheysson la hausse régulière.
M. Cheysson est, ainsi que moi, un homme de science
qui, quand il a posé un principe, en poursuit logique-
ment l'application, et un professeur qui n'a de comptes

à rendre qu'à ses élèves. Je ne désespère donc aucunement qu'un de ces jours il ne leur dise, comme je l'ai fait : « Messieurs, j'ai enseigné jusqu'ici une certaine doctrine en matière de monnaie. Par suite de recherches récentes et approfondies, et pour des raisons que je vais avoir l'honneur de vous exposer, j'enseignerai dorénavant une doctrine différente ». Et il verra que cette déclaration sera très bien accueillie.

Parmi les autres opinions émises au sein de la Société de statistique, je n'en relèverai que deux.

M. Clément Juglar s'attache à démontrer que tous les moyens plus ou moins ingénieux que l'on propose pour augmenter ou diminuer la circulation monétaire, suivant les besoins de la population, sont absolument inutiles ; les grandes affaires se traitant aujourd'hui par les instruments de crédit, dont la monnaie, qui est nécessaire néanmoins comme garantie des transactions, ne forme que la plus faible partie.

Suivent des chiffres montrant « combien le numéraire a joué un faible rôle dans les grandes opérations financières de notre temps et principalement dans les emprunts ». Ces chiffres, dont M. Juglar paraît fort émerveillé, justifient assurément cette *majeure* que : « Nombre d'échanges se règlent aujourd'hui par compensation » ; mais ils ne sauraient tenir lieu de la *mineure* qui serait nécessaire pour servir de seconde base à cette conclusion que : « La quantité de la monnaie en circulation est *absolument* indifférente ». D'ici à ce que M. Juglar ait retrouvé le fragment égaré de son syllogisme, je me permettrai de m'en tenir à ma théorie de la détermination des prix des marchandises en monnaie, développée aux alinéas 9 et 10 de la présente *Théorie de la monnaie*, et sur laquelle je fonde la thèse suivante que j'ai opposée tout à l'heure à M. Cheysson en termes algébriques. Etant donné le montant total des échanges à régler, il faut en défalquer le montant des échanges qui se règlent par compensation; reste le montant des échanges à régler avec intervention de monnaie. Étant donné ce dernier montant, suivant que la quantité de monnaie sera plus ou moins considérable, les prix seront plus ou moins élevés; donc la quantité de la monnaie en circulation n'est nullement indifférente. Sur ces deux *variables* dont, entre autres, le prix des marchandises en monnaie est une *fonction* : le montant des échanges qui se règlent par compensation et la quantité de la monnaie, M. Juglar juge à propos d'en négliger une. Il fait comme un homme qui dirait à son tailleur en lui commandant un habit : « Le marchand vous enverra une pièce de l'étoffe que j'ai choisie; comme la largeur de cette étoffe était très grande, il m'a paru que la longueur pouvait être *absolument* quelconque ».

M. Léon Say, résumant la discussion, fait remarquer que M. Juglar a parfaitement démontré qu'aux époques de crise, il y avait une forte diminution dans l'encaisse de la Banque...

Il en résulte que des procédés comme ceux de M. Walras, qui consistent à corriger l'absence du numéraire par un billon d'argent, n'en laisseraient pas moins subsister la crise, en introduisant dans l'encaisse de la Banque une monnaie non exportable. Ce procédé n'aurait d'autre résultat que d'amener des perturbations profondes dans l'état de la fortune publique et des fortunes privées.

M. Léon Say, qui sacrifie par principe les créanciers aux débiteurs et qui voudrait voir s'effectuer, par la dépréciation de la monnaie, « cette *modification lente dans la distribution de la richesse* qui équivaut à une sorte d'amortissement des dettes et qui tient lieu des *lois agraires* et des *abolitions de dettes* dans l'antiquité »[1], me reprochant « d'amener des perturbations profondes dans l'état de la fortune publique et des fortunes privées », parce que je veux tenir la balance rigoureusement égale entre les débiteurs et les créanciers en laissant à la monnaie une valeur moyenne sensiblement constante, — cela est fort ! Mais qu'il me suffise de constater que M. Say me juge et me condamne sans m'avoir lu. Non seulement je ne cherche point du tout à supprimer les crises et à empêcher la diminution de l'encaisse de la Banque en temps de crise, mais je me préoccupe tout spécialement de « laisser subsister » ces crises et cette diminution d'encaisse. Si, comme il semble résulter des beaux travaux de Jevons, les crises sont un phénomène régulier et, en un sens, normal, il est essentiel de respecter les hausses et baisses de prix qui marquent le cours de la marée économique et il faut seulement faire en sorte que, d'une marée à l'autre, la moyenne des prix n'aille pas en s'élevant ou s'abaissant indéfiniment. Tel est le

[1] *Journal des économistes*, numéro de septembre 1885 (p. 440).

résultat auquel je tends. En d'autres termes, si, comme je l'ai dit plus haut, la courbe du prix moyen des marchandises en monnaie est une courbe à ondulations, il faut non pas la rendre horizontale, mais la faire onduler le long d'un axe horizontal. Tel est le beau problème d'économie monétaire pratique que je me suis posé et sur lequel je persiste à attirer l'attention des économistes et statisticiens de tous les pays.

Avril 1886.

# THÉORIE DE LA MONNAIE

PREMIÈRE PARTIE

# EXPOSITION DES PRINCIPES

---

## I.

### DE L'ÉCHANGE ET DE LA PRODUCTION

**Mécanisme.**

1. Les éléments du système astronomique sont des *corps célestes* qui, sous l'influence de l'attraction universelle, gravitent naturellement les uns vers les autres *en raison directe de leurs masses* et *en raison inverse du carré de leurs distances*. Les éléments du système économique sont des *services* qui, sous le régime de la libre concurrence, tendent naturellement à se combiner en *produits* de la nature et de la quantité propres *à donner la plus grande satisfaction possible de besoins* dans les limites de cette condition *que chaque service comme chaque produit n'ait qu'un seul prix sur le marché.*

Ces services sont au nombre de trois : le service de la *terre* nommé *rente*, le service des *facultés personnelles* nommé *travail* et le service du *capital* nommé *profit.* Les détenteurs de ces services, toutes réserves faites quant à la légitimité ou l'illégitimité des conditions d'appropriation, sont les *propriétaires fonciers,* les *travailleurs* et les *capitalistes.* En dehors de ces trois personnages, il en existe un quatrième qui est l'*entrepreneur* d'agriculture, d'industrie, de commerce, dont la fonction propre est de transformer les services en produits. Voici comment cette transformation s'effectue sous le régime de la libre concurrence en matière d'échange et de production. Sur un premier marché que nous appellerons *marché des services,* les propriétaires fonciers, travailleurs et capitalistes d'une part et les entrepreneurs d'autre part se rencontrent, les uns comme offreurs et les autres comme demandeurs de services. On crie un prix en numéraire pour chaque espèce de rente, de travail, de profit. Si, à ce prix, la quantité effectivement demandée est supérieure à la quantité effectivement offerte, les entrepreneurs vont à l'enchère et font la *hausse.* Si la quantité effectivement offerte est supérieure à la quantité effectivement demandée, les propriétaires fonciers, travailleurs et capitalistes vont au rabais et font la *baisse.* Le *prix courant* est celui auquel la demande effective et l'offre effective sont égales. Le prix courant ainsi débattu de la rente s'appelle *fermage ;* le prix courant du travail, *salaire ;* le prix courant du profit, *intérêt.* Tandis que la vente de la rente et du travail se fait par la location de la terre et des facultés personnelles en nature, la vente du profit se fait par la location du capital en monnaie. Il en résulte qu'il y a un certain prix courant de location du capital monnaie qui est le *taux* de l'intérêt. Sur un second marché que nous appellerons *marché des produits*, les entrepreneurs d'une part et les propriétaires fonciers, travailleurs et capitalistes d'autre part se rencontrent, les uns comme offreurs et les autres comme demandeurs de produits. On crie un prix en numéraire pour chaque espèce de produits. Si, à ce prix, la quantité effectivement demandée est supérieure à la quantité effectivement offerte, les propriétaires fonciers, travailleurs et capitalistes vont à l'enchère et font la hausse. Si la quantité effectivement offerte est supérieure à la quantité effectivement demandée, les entrepreneurs vont au rabais et font la baisse. Le prix courant est toujours celui auquel la demande effective et l'offre effective sont égales.

Equilibre.

2. L'égalité de la demande effective et de l'offre effective de chaque produit ou service, qui donne le prix courant, constitue l'équilibre de l'échange. Cet équilibre tend à se réaliser de lui-même, sous le régime de la libre concurrence, par suite de la hausse qui se fait en cas d'excédent de la demande sur l'offre et de la baisse qui se fait en cas d'excédent de l'offre sur la demande. Quant à l'équilibre de la production, il résulte de l'égalité du *prix de vente* des produits et de leur *prix de revient* en services. Il tend, lui aussi, à se réaliser de lui-même sous le régime de la libre concurrence. En effet, si, dans certaines entreprises, le prix

de vente des produits est supérieur à leur prix de revient en services, il y a *bénéfice* pour les entrepreneurs; ceux-ci développent alors leur production et font ainsi à la fois la hausse du prix des services et la baisse du prix des produits. Et si, dans certaines entreprises, le prix de revient des produits en services est supérieur à leur prix de vente, il y a *perte* pour les entrepreneurs; ceux-ci restreignent alors leur production et font ainsi à la fois la baisse du prix des services et la hausse du prix des produits. Tel est l'équilibre de l'échange et de la production autour duquel le monde économique oscille perpétuellement sans jamais l'atteindre, comme un lac autour de l'horizontalité de son niveau. Etudier les conditions de cet équilibre est l'objet de l'économie politique pure, une des plus belles sciences physico-mathématiques, j'ose le dire, quand elle sera faite. Entre ces conditions, j'en vais indiquer une des plus remarquables.

# II.

## PROPORTIONNALITÉ DES VALEURS AUX RARETÉS

### Courbes d'utilité ou de besoin.

3. Les entrepreneurs cherchent à acheter des services et à vendre leurs produits de façon à faire du bénéfice et non de la perte. Les propriétaires fonciers, travailleurs et capitalistes cherchent à vendre leurs services et à acheter des produits de façon à se procurer la plus grande somme possible de satisfaction de besoins. Cela revient à dire qu'à l'état d'équilibre de l'échange et de la production, le prix des services est déterminé par le prix des produits (et non pas le prix des produits par le prix des services), et que le prix des produits est déterminé par la condition de satisfaction maxima des besoins qui est ainsi la condition fondamentale de tout l'équilibre économique. C'est la condition de ce maximum d'utilité effective qui est empreinte à un haut degré du cachet d'ampleur et de simplicité réunies qui constitue la beauté scientifique ; pour l'expliquer, je dois construire la courbe d'utilité ou de besoin.

Il s'agit d'exprimer mathématiquement le besoin

qu'a un échangeur (1) d'une marchandise (A) ou, en d'autres termes, l'utilité de cette marchandise pour cet échangeur. Pour cela, prenons (Fig. 1) deux axes perpendiculaires se croisant à une origine O : un axe vertical $Oq$ et un axe horizontal $Or$. Sur le premier, portons, à partir de l'origine, diverses longueurs représentant les diverses *quantités* de (A) que l'échangeur (1) pourrait avoir *à consommer* effectivement dans un laps de temps déterminé, par exemple, dans l'intervalle de deux marchés. Soit $Oq_{a,1}$ une de ces longueurs. Puis, par l'extrémité des longueurs dont il vient d'être parlé, menons des parallèles à l'axe horizontal, et, sur ces parallèles, portons, à partir de l'axe vertical, des longueurs représentant les *intensités des derniers besoins satisfaits*, ou les *raretés*, correspondantes aux diverses quantités de marchandise consommées. Soit $q_{a,1}\,r_{a,1}$ une de ces longueurs correspondante à la quantité $Oq_{a,1}$. Cette intensité du dernier besoin satisfait par une quantité de marchandise consommée, ou cette rareté, n'est pas une grandeur appréciable; mais cela n'importe pas pour la théorie qui n'a besoin que de la concevoir et non de la mesurer. C'est d'ailleurs une grandeur qui décroît à mesure que la quantité consommée croît. Si l'échangeur (1) consommait une quantité de (A) infiniment petite, l'intensité de son premier et dernier besoin satisfait, ou sa rareté, serait $O\alpha_{r,1}$; s'il en consommait une quantité $O\alpha_{q,1}$, l'intensité de son dernier besoin satisfait, ou sa rareté, serait nulle : il aurait consommé *à discrétion* et il serait arrivé à la *satiété*. Les extrémités des horizontales de rareté donnent

donc une courbe $\alpha_{r,1}\,\alpha_{q,1}$ qui est la courbe de besoin ou
d'utilité de la marchandise (A) pour l'échangeur (1).
Si la marchandise (A) se consommait nécessairement
par unités, comme cela a lieu pour les vêtements, pour
les meubles, la courbe d'utilité ou de besoin serait une
courbe discontinue. Pour plus de simplicité, je supposerai ici que toutes les marchandises sont suscepti-
bles de se consommer par quantités infiniment petites,
comme cela a lieu pour les aliments, par exemple, d'où
il résultera que toutes les courbes d'utilité ou de besoin
seront des courbes continues. Cette courbe, qui donne
la rareté en fonction de la quantité consommée par ses
abscisses, donne aussi la *somme de besoins satisfaits,
ou l'utilité effective*, en fonction de la même quantité
consommée par ses aires. Ainsi, pour une quantité consommée $Oq_{a,1}$, la somme de besoins satisfaits, ou l'utilité effective, serait représentée par la surface ombrée
$Oq_{a,1}\,r_{a,1}\,\alpha_{r,1}$. Je suis de ceux qui admettent que l'établissement de ces courbes de besoin ou d'utilité dépend
en partie de la volonté libre de l'homme ; mais on doit
aussi m'accorder que cela ne les empêche nullement de
ressortir, une fois établies, à la juridiction de la mathématique [1].

### Egalité des prix aux rapports des valeurs.

4. Cela posé, soient (A), (B), (C), (D)... *m* marchandises consistant soit en produits, soit en services sus-

---

[1] Cette expression mathématique de l'utilité a été fournie successivement par Gossen, Jevons et moi, sans que ce dernier ni
moi eussions connaissance des travaux antérieurs aux nôtres.

ceptibles de se consommer directement comme des produits et ayant, par conséquent, leur courbe de besoin ou d'utilité comme des produits. Soient $p_b$, $p_c$, $p_d$... les prix de (B), (C), (D)... en (A), c'est-à-dire les quantités respectives de (A) nécessaires pour obtenir 1 de (B), 1 de (C), 1 de (D)... Le fait que $p_b$ de (A), par exemple, s'échange couramment contre 1 de (B), ou que $p_b$ fois la valeur d'échange d'une unité de (A) égale 1 fois la valeur d'échange d'une unité de (B), peut s'exprimer par l'équation

$$p_b v_a = 1 \, v_b$$

en appelant $v_a$ et $v_b$ la valeur d'échange d'une unité de (A) et la valeur d'échange d'une unité de (B). On tire de là l'équation

$$p_b = \frac{v_b}{v_a};$$

et on obtiendrait de même les équations

$$p_c = \frac{v_c}{v_a}, \qquad p_d = \frac{v_d}{v_a} \dots$$

en appelant $v_c$ et $v_d$ la valeur d'échange d'une unité de (C) et la valeur d'échange d'une unité de (D). Les prix sont donc égaux aux rapports des valeurs d'échange.

**Condition de la satisfaction maxima des besoins : égalité des prix aux rapports des raretés individuelles.**

5. Soient d'autre part (Fig. 1) $\alpha_{r,1}\alpha_{q,1}$, $\beta_{r,1}\beta_{q,1}$, $\gamma_{r,1}\gamma_{q,1}$, $\delta_{r,1}\delta_{q,1}$... les courbes de besoin ou d'utilité des mar-

chandises (A), (B), (C), (D)… pour l'échangeur (1), $\alpha_{r,2}\alpha_{q,2}$, $\beta_{r,2}\beta_{q,2}$, $\gamma_{r,2}\gamma_{q,2}$, $\delta_{r,2}\delta_{q,2}$ … $\alpha_{r,3}\alpha_{q,3}$, $\beta_{r,3}\beta_{q,3}$, $\gamma_{r,3}\gamma_{q,3}$, $\delta_{r,3}\delta_{q,3}$… les courbes de besoin ou d'utilité des mêmes marchandises pour les échangeurs (2), (3)… On peut démontrer que, quand l'échangeur (1) a distribué sa richesse sur ses besoins de façon à se procurer la plus grande somme possible d'utilité effective, c'est-à-dire lorsqu'il a gardé ou acquis de l'(A), du (B), du (C), du (D)… en quantités $q_{a,1}$, $q_{b,1}$, $q_{c,1}$, $q_{d,1}$… et qu'il a ainsi atteint des raretés $r_{a,1}$, $r_{b,1}$, $r_{c,1}$, $r_{d,1}$… de façon que la somme des surfaces ombrées $Oq_{a,1}r_{a,1}\alpha_{r,1}$, $Oq_{b,1}r_{b,1}\beta_{r,1}$, $Oq_{c,1}r_{c,1}\gamma_{r,1}$, $Oq_{d,1}r_{d,1}\delta_{r,1}$… soit maxima, on a, entre les raretés $r_{a,1}$, $r_{b,1}$, $r_{c,1}$, $r_{d,1}$… et les prix, les équations

$$\frac{r_{b,1}}{r_{a,1}} = p_b, \quad \frac{r_{c,1}}{r_{a,1}} = p_c, \quad \frac{r_{d,1}}{r_{a,1}} = p_d \dots$$

On aurait de même, entre les raretés $r_{a,2}$, $r_{b,2}$, $r_{c,2}$, $r_{d,2}$… $r_{a,3}$, $r_{b,3}$, $r_{c,3}$, $r_{d,3}$… et les prix, les équations

$$\frac{r_{b,2}}{r_{a,2}} = p_b, \quad \frac{r_{c,2}}{r_{a,2}} = p_c, \quad \frac{r_{d,2}}{r_{a,2}} = p_d \dots$$

$$\frac{r_{b,3}}{r_{a,3}} = p_b, \quad \frac{r_{c,3}}{r_{a,3}} = p_c, \quad \frac{r_{d,3}}{r_{a,3}} = p_d \dots$$

ce qu'on peut exprimer aussi de cette façon :

$$1 \; : \; p_b \; : \; p_c \; : \; p_d \; : \dots$$
$$:: \; r_{a,1} \; : \; r_{b,1} \; : \; r_{c,1} \; : \; r_{d,1} \; : \dots$$
$$:: \; r_{a,2} \; : \; r_{b,2} \; : \; r_{c,2} \; : \; r_{d,2} \; : \dots$$
$$:: \; r_{a,3} \; : \; r_{b,3} \; : \; r_{c,3} \; : \; r_{d,3} \; : \dots$$
$$:: \quad \cdot \quad \cdot \quad \cdot \quad \cdot \quad \cdot \quad \cdot \quad \cdot \quad \cdot$$

Et ainsi : — *A l'état d'équilibre de l'échange et de la production, les prix sont égaux aux rapports des raretés ;* autrement dit, *les valeurs sont proportionnelles aux raretés.* Cette vérité est une vérité rationnelle ; l'expérience ne saurait la confirmer, pas plus qu'elle ne saurait confirmer que le rapport de la circonférence au diamètre est égal à quatre fois la série :

$$\frac{1}{1} - \frac{1}{3} + \frac{1}{5} - \frac{1}{7} + \ldots$$ ou que, à l'état d'équilibre d'un corps sur un plan, la verticale passant par le centre de gravité du corps tombe dans l'intérieur de sa base [1].

Réserve relative au cas de non-consommation.

6. Il y a une réserve importante à introduire relativement au cas où un individu ne consomme pas d'une marchandise. En ce cas, le nombre qui devrait figurer dans la série des raretés pour cette marchandise dépasse l'intensité du premier besoin à satisfaire. Ainsi, dans l'exemple de notre figure, l'échangeur (1) est un homme riche qui consomme de l'(A), du (B), du (C), du (D), en quantités 7, 8, 7, 6, et atteint des raretés faibles 2, 4, 5, 1, en se procurant une somme totale d'utilité effective très considérable représentée par celle des surfaces ombrées $Oq_{a,1}r_{a,1}\alpha_{r,1}$, $Oq_{b,1}r_{b,1}\beta_{r,1}$, $Oq_{c,1}r_{c,1}\gamma_{r,1}$, $Oq_{d,1}r_{d,1}\delta_{r,1}$ ; l'échangeur (2) est un homme

---

[1] Pour la démonstration du principe de la proportionnalité des valeurs aux raretés, voyez les quatre premiers mémoires de ma *Théorie mathématique de la richesse sociale.*

pauvre qui consomme de l'(A), du (D), en quantités 3, 2, et atteint des raretés fortes 6, 3, en se procurant une somme totale d'utilité effective très restreinte représentée par celle des surfaces ombrées $Oq_{a,2}r_{a,2}\alpha_{r,2}$, $Oq_{d,2}r_{d,2}\delta_{r,2}$, mais qui se prive de (B), de (C), par la raison que les nombres 12, 15, qui devraient figurer dans la série de ses raretés, dépassent les intensités 8, 11 des premiers besoins à satisfaire de ces marchandises; et l'échangeur (3) est un homme simplement aisé qui consomme de l'(A), du (B), du (D), en quantités 5, 4, 3, et atteint des raretés moyennes 4, 8, 2, eu se procurant une somme totale d'utilité effective d'une importance ordinaire représentée par celle des surfaces ombrées $Oq_{a,3}r_{a,3}\alpha_{r,3}$, $Oq_{b,3}r_{b,3}\beta_{r,3}$, $Oq_{d,3}r_{d,3}\delta_{r,3}$, mais qui se prive de (C), par la raison que le nombre 10, qui devrait figurer dans la série de ses raretés, dépasse l'intensité 8 du premier besoin à satisfaire de cette marchandise. En mettant entre parenthèses ces nombres proportionnels correspondants à des raretés virtuelles et non effectives, on aura le tableau d'équilibre :

$$1 \: : \: 2 \: : \: 2.5 : 0.5$$
$$:: 2 \: : \: 4 \: : \: 5 \: : \: 1$$
$$:: 6 \: : \: (12) : (15) : 3$$
$$:: 4 \: : \: 8 \: : \: (10) : 2.$$

Egalité des prix aux rapports des raretés moyennes.

7. On sait que la proportion des raretés moyennes serait la même que celle des raretés individuelles. Il

faudrait seulement tenir compte, dans l'établissement des moyennes, des nombres correspondants aux raretés virtuelles et non effectives, ce qui revient à définir la rareté : l'intensité du dernier besoin qui *est* ou qui *devrait être* satisfait. A cette condition, et en appelant $R_a$, $R_b$, $R_c$, $R_d$... les raretés moyennes de (A), (B), (C), (D)... on peut substituer aux équations

$$p_b = \frac{v_b}{v_a}, \qquad p_c = \frac{v_c}{v_a}, \qquad p_d = \frac{v_d}{v_a} \dots$$

les équations

$$p_b = \frac{R_b}{R_a}, \qquad p_c = \frac{R_c}{R_a}, \qquad p_d = \frac{R_d}{R_a} \dots$$

Cette substitution des raretés, individuelles ou moyennes, aux valeurs est d'une importance capitale : elle est la clef de tous les problèmes de l'économie politique. D'abord, la valeur d'échange est un fait relatif, tandis que la rareté, individuelle ou moyenne, est un fait absolu. Le prix de deux marchandises l'une en l'autre ayant varié, on ne saurait dire que ce soit la valeur d'une des deux marchandises ou de l'autre qui a varié; car la valeur d'une chose n'existe pas autrement que par rapport à la valeur d'une autre chose. Au contraire, la rareté existe par elle-même; et, un prix ayant varié, on peut parfaitement rechercher laquelle des raretés dont ce prix est le rapport a augmenté ou diminué. Mais il y a plus. On voit tout de suite, sur notre figure, que la rareté augmente ou diminue selon que la courbe d'utilité ou de besoin s'éloigne ou se rapproche de l'origine, c'est-à-dire selon que l'utilité augmente ou diminue, ou selon que la parallèle à l'axe horizontal se rapproche ou s'éloigne de cet axe, c'est-à-dire selon que la quantité consommée diminue ou augmente; et ainsi, l'on saisit dans les variations de l'*utilité* et de la *quantité* les causes des variations dans les prix, ceux-ci augmentant quand l'utilité augmente ou que la quantité diminue, et diminuant quand l'utilité diminue ou que la quantité augmente. Or c'est cette possibilité de remonter des variations des prix à leurs causes premières qui permet de résoudre les principaux problèmes de l'économie politique et en particulier celui de la monnaie.

## III.

### ÉTABLISSEMENT DE LA VALEUR DE LA MARCHANDISE MONNAIE

#### Rôle du numéraire; rôle de la monnaie.

8. De l'exposé que j'ai fait du mécanisme de la libre concurrence en matière d'échange et de production, ressort bien clairement la nécessité d'avoir :

1° Une marchandise en laquelle on crie les prix des autres marchandises ou à la valeur de laquelle on rapporte les valeurs des autres marchandises, soit sur le marché des services, soit sur le marché des produits. Cette marchandise sert alors de *numéraire*. C'est un des théorèmes fondamentaux de l'économie-politique pure que de démontrer que $m$ marchandises (A), (B), (C), (D)... étant données, sur un marché, on peut se dispenser de crier les $m\,(m-1)$ prix de ces marchandises deux à deux pour crier seulement les $m-1$ prix $p_b, p_c, p_d$... de $m-1$ d'entre elles (B), (C), (D)... en la $m^{\text{ième}}$ (A) prise pour numéraire;

2° Une marchandise contre laquelle on vend les services, sur le marché des services, et avec laquelle on achète les produits, sur le marché des produits, et qui sert de *monnaie*. En effet, nous vendons nos services à des entrepreneurs qui ne fabriquent pas les produits dont nous avons besoin, et nous achetons des produits à des entrepreneurs qui n'emploient pas nos services. D'où la nécessité d'un intermédiaire d'échange ou d'une monnaie. Mais la désignation d'une marchandise comme monnaie a sur sa rareté, et, par suite, sur sa valeur, un effet qu'il faut étudier.

**De l'encaisse monétaire. Proportionnalité des prix à la quantité de la marchandise monnaie.**

**9.** En décidant qu'une marchandise, or ou argent, vin de Médoc ou cigares de la Havane, servira de monnaie, on fait que sa quantité totale se partage en deux fractions dont l'une va se placer dans les caisses et les porte-monnaie des échangeurs, tandis que l'autre demeure seule à la disposition des consommateurs, buveurs ou fumeurs; par conséquent, on diminue sa quantité comme marchandise et on augmente sa rareté ainsi que sa valeur par rapport à la valeur des autres marchandises. Ainsi se vide la querelle obscure et confuse qui s'agite sans trêve et sans relâche entre les monométallistes et les bimétallistes au sujet de la valeur de la marchandise monnaie. Selon les premiers, cette valeur vient tout entière de l'usage de marchandise, et la loi qui institue la monnaie n'y fait rien; selon les derniers, cette valeur vient tout entière de l'usage de monnaie, et c'est la loi qui institue la monnaie qui la crée : *νόμος loi, νόμισμα monnaie*. Eh bien, les uns et les autres ne voient que la moitié du phéno-

mène réel et complet qui est celui-ci : la marchandise
monnaie a, par elle-même et comme marchandise, une
certaine valeur ; mais la loi qui la désigne pour l'usage
de monnaie ajoute pour ainsi dire à cette première
valeur une seconde valeur d'où résulte la valeur totale
et définitive. Comment s'établit cette valeur totale et
définitive ? Et comment la quantité totale de la marchandise monnaie se partage-t-elle en quantité marchandise et quantité monnaie ? Le voici. .

Sans rechercher les circonstances naturelles qui peuvent obliger les propriétaires fonciers, travailleurs et
capitalistes et les entrepreneurs à avoir, à un moment
donné, une encaisse plus ou moins considérable, en
vue de faire des achats plus ou moins considérables,
nous poserons en fait, pour plus de simplicité, que le
montant de cette encaisse et de ces achats dépend non
seulement de la situation, mais encore du caractère et
des habitudes de chacun. Et, de fait, ici comme en
matière de courbes de besoin, on peut et on doit admettre que la volonté humaine a une part d'influence
à exercer, ce qui n'empêche pas que, cette part d'influence exercée dans des limites aussi larges qu'on le
voudra, les conséquences ne tombent sous les lois mathématiques. Maintenant, ce qu'il faut bien comprendre, c'est que lorsqu'un consommateur ou un producteur
a besoin d'avoir par devers lui une certaine provision
d'or, argent, médoc ou havanes à titre de monnaie, ce
qu'il considère uniquement, c'est non la quantité de
cette monnaie, qui lui est tout à fait indifférente en
elle-même, mais la quantité des autres marchandises,

produits ou services, qu'il pourra obtenir en échange
de sa monnaie. Soient donc, dans les conditions ci-
dessus définies d'équilibre de l'échange et de la production, (A) la marchandise numéraire et monnaie,
$Q'_a$ la quantité existante de cette marchandise, $\alpha$, $\beta$,
$\gamma$, $\delta$.... les quantités respectives de (A), (B), (C), (D)....
dont les échangeurs ont besoin d'avoir en caisse, à
un moment donné, la contre-valeur en monnaie; la
quantité $Q''_a$ de monnaie nécessaire pour les satisfaire
serait $\alpha + \beta\, p_b + \gamma\, p_c + \delta\, p_d + ...$ et, si cette quantité
de monnaie pouvait tomber du ciel et s'ajouter à la
quantité de marchandise $Q'_a$, de façon à former une
quantité totale de marchandise monnaie (A)

$$Q_a = Q'_a + Q''_a$$
$$= Q'_a + \alpha + \beta\, p_b + \gamma\, p_c + \delta\, p_d + ...$$

l'équilibre de la circulation existerait avec celui de
l'échange et de la production, sans changement des
prix. Mais les choses ne peuvent se passer ainsi; il faut
prendre la quantité de monnaie nécessaire sur la
quantité existante de marchandise (A). Dès lors, et
$n$ étant, par hypothèse, le rapport de $Q_a$ à $Q'_a$, supposons qu'on procède à la constitution de l'encaisse monétaire en diminuant chez chaque consommateur la
quantité de (A) marchandise de façon à rendre la rareté $n$ fois plus forte. Et supposons qu'en même temps
on rende aussi les prix $p_b$, $p_c$, $p_d$... $n$ fois plus faibles.
A ces deux hypothèses nous en ajouterons deux autres
plus gratuites, mais qui ne dépassent pourtant pas les

limites d'une approximation très voisine de la vérité :
l'une que, pour rendre, chez les consommateurs de (A),
la rareté $n$ fois plus forte, il faille rendre la quantité
consommée $n$ fois plus faible : l'autre que, dans ces
conditions nouvelles, les consommateurs de (A) n'aient
plus besoin d'avoir en caisse la contre-valeur en monnaie que d'une quantité de cette marchandise $n$ fois plus
faible. Tout cela fait, la quantité existante de (A), $Q'_a$,
se partagera en une quantité de (A) marchandise égale
à $\dfrac{Q'_a}{n}$ et en une quantité de (A) monnaie égale à $\dfrac{Q''_a}{n}$

soit à $\dfrac{\alpha}{n} + \beta\dfrac{p_b}{n} + \gamma\dfrac{p_c}{n} + \delta\dfrac{p_d}{n} + \dots$ de façon à

former une quantité totale de marchandise monnaie (A)

$$Q'_a = \frac{Q_a}{n}$$

$$= \frac{Q'_a}{n} + \frac{Q''_a}{n}$$

$$= \frac{Q'_a}{n} + \frac{\alpha}{n} + \beta\frac{p_b}{n} + \gamma\frac{p_c}{n} + \delta\frac{p_d}{n} + \dots$$

et il s'agit de faire voir d'abord que l'équilibre existera
sous tous les rapports dans ces conditions comme dans
les précédentes, et ensuite que cet équilibre tendra à
se réaliser de lui-même sous le régime de la libre
concurrence. Or, à ce moment, nous aurons l'équilibre
de l'échange, vu que, les prix étant toujours égaux aux
rapports des raretés conformément aux équations

$$\frac{p_b}{n} = \frac{R_b}{n R_a}, \quad \frac{p_c}{n} = \frac{R_c}{n R_a}, \quad \frac{p_d}{n} = \frac{R_d}{n R_a} \dots$$

les consommateurs auront toujours la satisfaction maxima de leurs besoins ; nous aurons l'équilibre de la production vu que, les prix des services et ceux des produits ayant été augmentés proportionnellement, les prix de vente des produits seront toujours égaux à leurs prix de revient en services, de sorte que les entrepreneurs ne feront toujours ni bénéfice ni perte ; et enfin nous aurons l'équilibre de la circulation vu que, la valeur de (A) marchandise et celle de (A) monnaie étant toutes deux $n$ fois plus fortes qu'auparavant, seront toujours égales, en même temps que les échangeurs auront toujours l'encaisse nécessaire. D'ailleurs, l'opération supposée se ferait d'elle-même, sous le régime de la libre concurrence, par la raison que, une certaine quantité quelconque de (A), déterminée au hasard, étant mise sous forme de monnaie, et les échangeurs offrant à tout prix cette quantité de (A) monnaie pour $\alpha$ de (A) marchandise, $\beta$ de (B), $\gamma$ de (C), $\delta$ de (D)... une certaine valeur de (A) monnaie s'établirait d'une part, en vertu de l'équivalence de la quantité de la monnaie qui aurait acheté les marchandises et de la quantité des marchandises qui auraient été vendues contre la monnaie ; et qu'une certaine valeur de (A) monnaie étant ainsi établie, on transformerait, d'autre part, de l'(A) marchandise en (A) monnaie tant que, la quantité de monnaie étant inférieure à l'encaisse d'équilibre, l'(A) aurait plus de valeur comme monnaie que comme marchandise, comme aussi l'on tranformerait de l'(A) monnaie en (A) marchandise dès que, la quantité de monnaie étant supérieure à l'encaisse d'équilibre, l'(A) aurait plus de valeur comme marchandise que comme monnaie.

Il nous a suffi de rendre tous les prix $n$ fois plus faibles pour rétablir l'équilibre avec une quantité de marchandise monnaie $n$ fois plus faible. Il nous aurait de même suffi de rendre tous les prix $n$ fois plus forts pour rétablir l'équilibre avec une quantité de marchandise monnaie $n$ fois plus forte. Il est donc certain que : — *Toute augmentation ou diminution dans la quantité de la marchandise monnaie a pour effet une augmentation ou une diminution sensiblement proportionnelle dans les prix.*

### De la monnaie de papier et des compensations.

10. Il faut ici tenir compte des deux complications suivantes :

On a eu l'idée de représenter par les titres de propriété, effets de commerce et billets de banque, une partie du capital des entrepreneurs, celle qui consiste en matières premières et produits fabriqués en magasin, et de se servir de ces titres au lieu et place de monnaie. C'est la monnaie *de papier* par opposition à la monnaie *de métal*. Soit P le montant de cette monnaie de papier, nous ajouterons ce terme au premier membre de l'équation à côté du montant de la marchandise monnaie;

On a eu encore l'idée de régler un certain nombre d'échanges journaliers sans intervention de monnaie ou, du moins, en ne faisant intervenir qu'une très faible quantité de monnaie par le procédé que voici. Des gens, surtout des entrepreneurs, qui achètent et vendent toute la journée, achètent sans payer et vendent sans se faire payer. Entre cinq et six heures du soir, ils se réunissent et *compensent* leurs dettes et leurs créances, chacun d'eux donnant seulement en monnaie l'excédent de ce qu'il doit sur ce qui lui est dû ou recevant seulement en monnaie l'excédent de ce qui lui est dû sur ce qu'il doit. Il faut admettre qu'au fur et à mesure que l'usage de ces compensations se développe, l'encaisse monétaire nécessaire devient de plus en plus faible, mais que, à un moment donné, $\alpha$, $\beta$, $\gamma$, $\delta$... sont ce qu'ils sont en raison des échanges à régler en monnaie, abstraction faite ou, pour mieux dire, tout compte tenu des compensations.

En introduisant, comme nous l'avons dit, le terme P dans notre équation, nous avons généralement

$$Q_a + P = Q'_a + \alpha + \beta p_b + \gamma p_c + \delta p_d + ...$$

et il reste à voir si, la quantité de marchandise monnaie $Q_a$, d'une part, et les prix $p_b$, $p_c$, $p_d$..., d'autre part, augmentant ou diminuant proportionnellement, le terme P, comme les termes $Q'_a$ et $\alpha$, augmenterait ou diminuerait de lui-même proportionnellement, et si $\beta$, $\gamma$, $\delta$... demeureraient constants. Or il suffit d'y réfléchir un instant pour se convaincre qu'il en serait bien ainsi. En effet, toutes les conditions essentielles des trois équilibres de l'échange, de la production et de la circulation subsistant, comme nous l'avons vu, avec l'augmentation ou la diminution des prix effec-

tuée proportionnellement à l'augmentation ou à la diminution de la quantité de la marchandise monnaie,
il n'y aurait aucune raison pour que les entrepreneurs
et les banques ne missent pas en circulation la même
quantité de capital pour un montant nominal proportionnellement plus fort ou plus faible d'effets de commerce et de billets de banque, et pour que les mêmes
quantités de marchandises ne fussent pas vendues et
achetées par compensation pour un montant nominal
proportionnellement plus fort ou plus faible. Donc les
deux faits de la circulation de papier et des compensations ne portent aucune atteinte au théorème de la
proportionnalité des prix à la quantité de la marchandise monnaie.

Qu'on le remarque bien, je concède parfaitement
que, d'un moment à l'autre, toutes les données du
problème se modifiant, il n'y a plus de rapport nécessaire de proportionnalité entre la quantité de la marchandise monnaie et les prix ; que, par exemple, la
quantité de marchandise monnaie diminuant, mais la
monnaie de papier suppléant de plus en plus la monnaie métallique, ou les compensations se développant
de jour en jour, les prix se maintiendraient au lieu de
baisser ; mais je soutiens que, à un moment donné, et
d'un moment à l'autre toutes choses restant égales
d'ailleurs, si la quantité de la marchandise monnaie
augmente ou diminue, les prix hausseront ou baisse-
ront en proportion. Beaucoup d'économistes, à vrai
dire, ont déjà soutenu cette proposition ; mais je fais
quelque chose de plus en essayant de la prouver ma-

thématiquement. Qu'on réfute ma démonstration, je m'inclinerai ; mais quant à citer purement et simplement les chiffres des compensations effectuées aux *clearing-houses* de Londres et de New-York pour conclure que « nous ne sommes plus à l'époque où il y avait corrélation entre la quantité des métaux précieux et les prix », c'est dire, ou à peu près, comme Sganarelle, que nous ne sommes plus à l'époque où le cœur était du côté gauche et le foie du côté droit.

# IV.

## VARIATION DE LA VALEUR DU NUMÉRAIRE ET DE LA MONNAIE

### Règles et conditions du numéraire et de la monnaie.

11. Le double rôle du numéraire et de la monnaie étant défini, et les *lois* relatives à l'effet de l'institution de la monnaie sur la valeur de la marchandise monnaie et à l'effet de la variation de la quantité de la marchandise monnaie sur les prix étant formulées, il semble que la *théorie pure* de la monnaie est achevée et que ce serait le moment de se poser les diverses questions dont les réponses constitueraient les *règles* formant l'ensemble de la *théorie appliquée* de la monnaie. Parmi ces règles il y en a deux qu'on serait tenté d'énoncer tout de suite. La première serait que : — *Il ne faut qu'un numéraire.* En effet, avoir deux ou trois numéraires, ce serait avoir deux ou trois séries de prix à crier pour toutes les marchandises, ce qui serait une complication aussi grande et aussi fâcheuse que d'avoir deux ou trois séries d'évaluation des longueurs, des surfaces, des capacités, des poids, en deux ou trois unités différentes. La seconde serait que : — *Le numéraire doit être monnaie.* En effet, quand on crie, sur le

marché des services ou sur le marché des produits, des prix en la marchandise numéraire, il est particulièrement commode aux entrepreneurs qui achètent les services et aux propriétaires fonciers, travailleurs et capitalistes qui achètent les produits d'avoir en poche la même marchandise à l'état de monnaie pour payer. Et pourtant, il ne faut encore énoncer ces deux règles que sous toute réserve. Le rôle de numéraire et celui de monnaie étant deux rôles distincts, il faut nous réserver la faculté d'avoir un ou plusieurs numéraires, une ou plusieurs monnaies, si cela était avantageux au point de vue des conditions à remplir par le numéraire et la monnaie. Voyons donc quelles sont ces conditions.

J'indiquerai d'abord trois conditions de la monnaie auxquelles il se trouve qu'il est très aisé de satisfaire. La marchandise monnaie doit être une marchandise *très rare* afin d'avoir assez de valeur pour n'être pas encombrante. Elle doit être *facile à diviser* pour se proportionner à l'importance de tous les achats et de toutes les ventes. Elle doit être *facile à conserver* et ne pas s'altérer entre les mains des échangeurs depuis le moment où ils la reçoivent en vendant jusqu'au moment où ils la donnent en achetant. Or il y a deux marchandises, l'*or* et l'*argent* ou les *métaux précieux*, qui remplissent admirablement ces trois conditions, de sorte que la question de savoir si l'or ou si l'argent sera seul numéraire et monnaie, ou s'ils le seront tous les deux, ne dépend plus que d'une dernière condition commune au numéraire et à la monnaie et qui est celle-ci : la marchandise numéraire et monnaie doit être *de rareté, et par suite de valeur, aussi peu variable ou du moins aussi régulièrement variable que possible* en vue de la plus grande stabilité possible des prix. L'exposition détaillée que nous avons faite du mécanisme de la libre concurrence en matière d'échange et de production va nous permettre de saisir mieux qu'on ne l'a fait encore la nature et l'importance de cette condition.

### Inconvénients de la variation de la valeur du numéraire et de la monnaie.

12. Soit (A) le numéraire et la monnaie et soient

$$\pi_b = \frac{\rho_b}{\rho_a}, \quad \pi_c = \frac{\rho_c}{\rho_a}, \quad \pi_d = \frac{\rho_d}{\rho_a} \ldots$$

les prix, égaux aux rapports des raretés, de (B), (C), (D)… en (A) à un moment donné. Ces prix sont prix courants d'équilibre, c'est-à-dire qu'ils résultent, à notre moment donné, de ce vaste tâtonnement qui a consisté à crier d'abord des prix au hasard, puis à faire la hausse quand la demande était supérieure à l'offre et la baisse quand l'offre était supérieure à la demande, puis aussi à augmenter la quantité des produits quand leur prix de vente était supérieur à leur prix de revient en services et à diminuer cette quantité quand le prix de revient était supérieur au prix de vente, puis enfin à transformer de l'(A) marchandise en (A) monnaie ou de l'(A) monnaie en (A) marchan-

dise suivant que la valeur de (A) était plus grande
comme monnaie que comme marchandise ou comme
marchandise que comme monnaie ; cette triple série
d'opérations se faisant d'ailleurs simultanément et
réagissant les unes sur les autres. Enfin l'équilibre est
atteint. Il y a un prix courant pour chaque espèce de
services, un fermage pour chaque espèce de rente, un
salaire pour chaque espèce de travail, un taux d'intérêt du capital ; ces fermages, salaires et intérêts fixés
souvent à forfait pour un certain temps. Il y a un prix
courant pour chaque espèce de produits, lequel est
égal au prix de revient en fermages, salaires et intérêts. La valeur de la marchandise monnaie est la même
comme monnaie que comme marchandise. Et de quoi
dépend, en dernière analyse, le maintien de cet équilibre ? Du maintien de ses conditions premières qui
sont les utilités et les quantités, et, plus exactement,
les raretés des marchandises (A), (B), (C), (D)... Or
voyez la différence ! Que la rareté de (B) varie, le prix
$\pi_b$ varie. Si (B) est un service, les prix de tous les produits dans la confection desquels entre ce service varient. Si (B) est un produit, les prix de tous les services
qui entrent dans la confection de ce produit varient.
Mais, après tout, ce n'est là qu'un phénomène isolé
comme une très légère agitation du lac sur un point
particulier. Qu'au contraire, la rareté de (A) varie,
tous les prix $\pi_b$, $\pi_c$, $\pi_d$... doivent varier. Et comment
s'effectue cette variation ? Si la rareté de (A) augmente, les prix de vente de tous les produits baissent
d'abord et tombent au-dessous de leurs prix de revient

en services. Les propriétaires fonciers, travailleurs et capitalistes y gagnent; mais les entrepreneurs perdent jusqu'à ce que, à l'échéance de leurs baux, ils puissent obtenir une baisse des fermages, des salaires et des intérêts en vue de l'établissement d'un nouvel équilibre. Si la rareté de (A) diminue, les prix de vente de tous les produits haussent d'abord et s'élèvent au-dessus de leurs prix de revient en services. Les entrepreneurs y gagnent, mais les propriétaires fonciers, travailleurs et capitalistes perdent jusqu'à ce que, leurs contrats prenant fin, ils puissent obtenir une hausse des fermages, des salaires et des intérêts et rétablir un équilibre nouveau. C'est un changement complet de niveau du lac. Ce trouble général de l'équilibre économique s'appelle une *crise*. Les théoriciens de l'école orthodoxe ont beau s'évertuer à nous soutenir que « la monnaie est une marchandise comme une autre »; ce n'est pas une marchandise comme une autre que celle dont toute variation soit d'utilité, soit de quantité occasionne une crise. On s'est demandé laquelle était préférable de la crise de baisse ou de la crise de hausse, et la réponse a varié selon que ceux qui se posaient la question appartenaient à la catégorie des consommateurs ou à celle des producteurs. Quant à moi, sans m'arrêter à discuter des théories de cette nature, je me borne à poser en fait que toute crise, soit de baisse, soit de hausse, est mauvaise et devrait être évitée; et c'est là ce que j'entends dire en parlant des avantages de la stabilité des prix.

**Principe de la constance du prix de la richesse sociale en le numéraire
et la monnaie.**

13. Que faudrait-il pour cela ? Que la rareté de la
marchandise (A) fût constante ? Assurément, si les raretés de toutes les autres marchandises (B), (C), (D)...
étaient constantes. Mais supposez que ces dernières
raretés fussent toutes croissantes, ne vaudrait-il pas
mieux que la rareté de (A) le fût aussi, de telle sorte
que les prix ne haussassent pas ? Et supposez que ces
mêmes raretés fussent toutes décroissantes, ne vaudrait-il pas mieux que la rareté de (A) le fût aussi, de
telle sorte que les prix ne baissassent pas ? Et enfin,
comme il est certain que, parmi les marchandises (B),
(C), (D)... il y en a, comme les produits agricoles, dont
les raretés sont croissantes, et d'autres, comme les
produits industriels, dont les raretés sont décroissantes, dans une société progressive, n'est-il pas évident qu'en somme l'idéal de l'intérêt et de la justice
serait *que la rareté de la marchandise numéraire et
monnaie, variât de telle sorte qu'un certain prix moyen
de la richesse sociale en cette marchandise ne variât
pas ?* Laissons ici de côté la question de savoir comment doit s'établir le prix de la richesse sociale en (A),
s'il doit être purement et simplement la *moyenne géométrique, arithmétique* ou *harmonique des prix* de (B), (C),
(D)... en (A), ou s'il ne doit pas plutôt être le prix en (A)
d'un *étalon multiple* composé d'une quantité $b$ de (B),
d'une quantité $c$ de (C), d'une quantité $d$ de (D)... de
façon à ce qu'il soit tenu compte de la quantité débitée

de chaque marchandise. Il est certain que, selon qu'on aurait, entre les prix nouveaux $p_b$, $p_c$, $p_d$ ... et les anciens $\pi_b$, $\pi_c$, $\pi_d$ ... le rapport

$$\sqrt[m-1]{\frac{p_b}{\pi_b} \cdot \frac{p_c}{\pi_c} \cdot \frac{p_d}{\pi_d} \ldots} = 1,$$

ou le rapport

$$\frac{1}{m-1}\left(\frac{p_b}{\pi_b} + \frac{p_c}{\pi_c} + \frac{p_d}{\pi_d} + \ldots\right) = 1,$$

ou le rapport

$$\frac{1}{\dfrac{1}{m-1}\left(\dfrac{\pi_b}{p_b} + \dfrac{\pi_c}{p_c} + \dfrac{\pi_d}{p_d} + \ldots\right)} = 1,$$

ou le rapport

$$\frac{bp_b + cp_c + dp_d + \ldots}{b\pi_b + c\pi_c + d\pi_d + \ldots} = 1,$$

on aurait aussi, entre les raretés nouvelles $R_a$, $R_b$, $R_c$, $R_d$ ... et les anciennes $\rho_a$, $\rho_b$, $\rho_c$, $\rho_d$ ..., le rapport

$$\frac{R_a}{\rho_a} = \sqrt[m-1]{\frac{R_b}{\rho_b} \cdot \frac{R_c}{\rho_c} \cdot \frac{R_d}{\rho_d} \ldots},$$

ou le rapport

$$\frac{R_a}{\rho_a} = \frac{1}{m-1}\left(\frac{R_b}{\rho_b} + \frac{R_c}{\rho_c} + \frac{R_d}{\rho_d} + \ldots\right),$$

ou le rapport

$$\frac{R_a}{\rho_a} = \frac{1}{\dfrac{1}{m-1}\left(\dfrac{\rho_b}{R_b} + \dfrac{\rho_c}{R_c} + \dfrac{\rho_d}{R_d} + \ldots\right)},$$

ou le rapport

$$\frac{R_a}{\rho_a} = \frac{bR_b + cR_c + dR_d + \ldots}{b\rho_b + c\rho_c + d\rho_d + \ldots},$$

et qu'en conséquence on peut dire, en d'autres termes, que ce qui serait à souhaiter, ce serait *que la rareté de la marchandise numéraire et monnaie variât comme la rareté moyenne de la richesse sociale.*

# DEUXIÈME PARTIE

# CRITIQUE DES SYSTÈMES

---

## I.

### SYSTÈMES DES ÉTALONS UNIQUES ET DU DOUBLE ÉTALON INDÉPENDANT

#### Etalon unique d'or.

14. En possession d'un idéal monétaire bien défini, voyons jusqu'à quel point les divers et nombreux systèmes existants ou proposés le réalisent.

Le premier que nous rencontrons est le système de *l'étalon unique d'or* ou *monométallisme-or*. Dans ce système, l'or est seul numéraire et seul monnaie. L'utilité de l'or comme marchandise augmente sans cesse avec le développement de la population ; et notons que, parmi les besoins qui constituent cette utilité, il en est qui ne sont satisfaits que par la consommation de la marchandise elle-même et non pas seulement de son service. L'utilité de l'or comme monnaie augmente aussi sans cesse avec le développement des affaires. Et la quantité de l'or augmente-t-elle proportionnellement ? Loin de là ! Le seul minerai d'or qui soit bien avantageusement exploitable est celui que la nature a pris soin de broyer elle-même et qui se trouve à l'état de sable dans les terrains d'alluvion. On peut assurément espérer de trouver encore de temps à autre quelques-uns de ces sables aurifères comme ceux de la Californie et de l'Australie; mais il est bien évident qu'au fur et à mesure que la surface du globe sera de plus en plus connue et habitée, ces gisements deviendront de plus en plus difficiles à rencontrer. Ainsi, une augmentation toujours croissante, avec quelques diminutions accidentelles et brusques, dans la rareté de l'or; par conséquent, une baisse toujours croissante, avec quelques hausses accidentelles et brusques, des prix : voilà l'avenir monétaire que nous réserve le monométallisme-or. C'est la crise industrielle en permanence. N'importe! Presque partout sévit la monomanie de ce système, exactement comme a sévi jadis la monomanie du système mercantile. L'Angleterre s'y cramponne; l'Allemagne, en train d'y passer, a dû s'arrêter à mi-chemin en voyant qu'elle vendait son argent à vil prix pour acheter l'or de plus en plus cher. Les procès-verbaux de la dernière Conférence monétaire pour la prorogation de l'Union latine nous montrent la Belgique et la Suisse rêvant d'étalon d'or et y tendant *per fas et nefas* : la Belgique, après avoir frappé, jusqu'à la suspension, des écus en quantité excessive, spéculant sur l'absence d'une clause de liquidation pour jeter ces écus dans les autres États, y prendre de l'or en échange et laisser l'Union se dissoudre en essayant de soutenir qu'elle n'est pas tenue de rembourser son billon; la Suisse, qui ne frappe pas de monnaie, spéculant, au contraire, sur l'introduction d'une clause de liquidation pour se laisser inonder d'écus par les autres Etats et sortir de l'Union, à la première occasion, en se faisant rembourser ces écus en or. Et tout cela en vue de ce beau résultat: avoir une monnaie très chère et, par conséquent, toutes les marchandises avilies! Il est vrai que, dans tous ces pays, des savants, des hommes d'Etat affirment, avec cette énergie particulière qu'on met aux affirmations gratuites, que le progrès des payements par compensation suffira, et au delà, à restreindre les exigences de la circulation monétaire. Je livre, pour ce qu'elle vaut, aux entrepreneurs d'agriculture, d'industrie et de commerce cette hypothèse consolante.

<h3 style="text-align:center">Etalon unique d'argent.</h3>

15. *L'étalon unique d'argent* ou *monométallisme-argent* serait infiniment moins déraisonnable. L'argent existe dans la nature en quantité bien plus considérable que l'or; et, grâce aux perfectionnements des procédés métallurgiques, on traite avec profit des minerais d'une richesse médiocre. Il serait donc parfaitement permis d'espérer que la quantité de l'argent pourrait se maintenir au moins au niveau de sa double utilité de marchandise et de monnaie, que sa rareté non seulement n'augmenterait pas, mais diminuerait plutôt avec le temps, comme celle de la plupart des marchandises; qu'en conséquence, les prix des mar-

chandises en argent seraient assez stables. Mais encore faut-il dire que cette stabilité probable n'est pas certaine et qu'elle serait, en tout cas, traversée par des alternatives de hausse et de baisse correspondant à celles d'activité ou de ralentissement dans la production du métal.

### Double étalon indépendant.

16. Après les systèmes à étalon unique, viennent les systèmes à étalon multiple, et d'abord celui du *double étalon indépendant* préconisé par quelques économistes mais qui n'a, je crois, jamais fonctionné nulle part de façon qu'on puisse en considérer l'expérience comme faite. Dans ce système, l'or et l'argent sont sinon tous deux numéraire, au moins tous deux monnaie. L'État frappe pour qui le demande des pièces d'or et des pièces d'argent à poids rond. Les échangeurs au comptant se servent indifféremment des unes ou des autres en se basant sur le rapport variable de la valeur de l'or à la valeur de l'argent. Les vendeurs et les acheteurs à terme stipulent à leur gré payable en or ou payable en argent sauf, l'échéance venue, à substituer un métal à l'autre au cours du jour. Juger *à priori* un système non encore expérimenté n'est nullement une chose impossible si l'on dispose de principes sûrs et qu'on use d'un raisonnement juste; cela est seulement une chose un peu difficile et délicate. J'appelle l'attention des partisans de ce système sur un point qu'ils ont négligé d'éclaircir faute d'avoir fait entrer

en ligne de compte tous les éléments déterminants de la valeur d'une marchandise monnaie. Rien ne semble indiquer que, dans la combinaison dont il s'agit, une certaine catégorie d'affaires, soit au comptant, soit à terme, serait dévolue à la circulation d'or et qu'une certaine catégorie serait dévolue à la circulation d'argent. Or la volonté pure et simple des contractants, c'est le caprice, c'est le hasard ; c'est-à-dire que la limite des deux circulations serait tout à fait indécise et variable, chacune des deux empiétant tour à tour sur l'autre. Aujourd'hui, la circulation d'argent s'étend, la valeur de l'argent monnaie s'élève au-dessus de la valeur de l'argent marchandise, de l'argent marchandise se transforme en argent monnaie, l'argent marchandise hausse de valeur. En même temps, la circulation d'or se restreint, la valeur de l'or monnaie tombe au-dessous de la valeur de l'or marchandise, de l'or monnaie se transforme en or marchandise, et l'or marchandise baisse de valeur. Demain, ce sera le contraire. Et ainsi la valeur des deux métaux et le rapport de ces valeurs seraient d'une perpétuelle, excessive et insupportable mobilité, circonstance des plus fâcheuses qui, jointe à l'inconvénient très sérieux des calculs de conversion d'un étalon dans l'autre, pour les payements, doit, ce semble, faire considérer le système comme impraticable.

# II.

## SYSTÈME DU DOUBLE ÉTALON SOLIDAIRE OU BIMÉTALLISME

### Théorie du *parachute*.

17. Avec le système qui suit, nous n'avons pas à regretter que les confirmations de l'expérience ne viennent pas se joindre aux indications du raisonnement. Le système du *double étalon solidaire* ou *bimétallisme* est le système monétaire français qui est devenu celui de l'Union latine. Nous en devons faire une étude attentive. Or le bimétallisme n'est pas du tout, comme le soutiennent des économistes qui n'y ont pas regardé d'assez près, un système fondé purement et simplement sur cette violation grossière des lois de l'économie politique qui consisterait à décréter un rapport fixe entre la valeur de deux marchandises; ou, du moins, si le bimétallisme est né de cette erreur, il n'en constitue pas moins un système très ingénieux et, dans certaines limites, très efficace qu'il importe de bien comprendre avant tout. Dans ce système, l'or et l'argent sont tous deux marchandise pour une certaine fraction de leur quantité totale et tous deux monnaie pour le surplus. Le législateur ne fixe pas du tout le rapport de la va-

leur de l'or marchandise à la valeur de l'argent marchandise, qui demeure libre et continue à varier, sur
le marché, en raison des variations dans l'utilité et
dans la quantité des deux métaux; il fixe seulement,
à 15 1/2 par exemple, le rapport de la valeur de l'or
monnaie à la valeur de l'argent monnaie; et ainsi il
agit, mais indirectement, et en obéissant, afin de leur
commander, aux lois économiques, sur les quantités
respectives d'or et d'argent marchandise et monnaie
et sur le rapport de la valeur de l'or marchandise à la
valeur de l'argent marchandise. Voici comment. Si le
rapport de la valeur de l'or marchandise à la valeur
de l'argent marchandise est supérieur à 15 1/2 sur le
marché, l'or, ayant plus de valeur comme marchandise
que comme monnaie, se démonétise, et l'argent, ayant
plus de valeur comme monnaie que comme marchandise, se monnaye; double phénomène d'où il résulte
que le rapport de la valeur de l'or marchandise à la
valeur de l'argent marchandise s'abaisse, en se rapprochant de 15 1/2, sur le marché. Si, au contraire, le
rapport de la valeur de l'or marchandise à la valeur
de l'argent marchandise est inférieur à 15 1/2 sur le
marché, l'or, ayant plus de valeur comme monnaie
que comme marchandise, se monnaye, tandis que l'argent, ayant plus de valeur comme marchandise que
comme monnaie, se démonétise; double phénomène
d'où il résulte que le rapport de la valeur de l'or marchandise à la valeur de l'argent marchandise s'élève,
en se rapprochant de 15 1/2, sur le marché. En résumé,
le métal qui abonde entre dans la circulation monétaire,

et cet emploi modère sa baisse de valeur; le métal qui
se raréfie sort de la circulation monétaire, et cette désu-
tilisation modère sa hausse de valeur. Telle est l'essence
de la théorie dite *du parachute*, telle que la soutenait
Wolowski, et, ainsi présentée, cette théorie est inatta-
quable; malheureusement, les bimétallistes eux-mêmes
l'ont très mal connue et, par suite, ils l'ont à la fois
exagérée et faussée. Nous allons en faire une illustra-
tion qui permettra d'en saisir tout ensemble la portée
et les bornes.

**Position de la courbe de prix de l'étalon bimétallique par rapport
aux courbes de prix des étalons monométalliques.**

18. Le rapport de la valeur de l'or monnaie à la valeur de l'argent monnaie étant une fois fixé, à 15 1/2
par exemple, les quantités des deux métaux peuvent
s'énoncer en *francs* : francs d'argent de 5 grammes à
9/10 de fin et francs d'or de $\frac{5}{15,5} = \frac{10}{31}$ grammes à 9/10
de fin. Faisant varier ces quantités, en laissant d'ail-
leurs toutes choses égales, prenons un axe horizontal
O — 45 (Fig. 2) sur lequel se compteront les temps et
un axe vertical $qOq'$ sur lequel ou sur les parallèles
duquel se compteront les *quantités* correspondantes à
chaque période de temps : les quantités de francs d'argent au-dessus de l'axe horizontal, suivant la courbe
$AA_{45}$, et les quantités de francs d'or au-dessous de
l'axe horizontal, suivant la courbe $BB_{45}$.

Cela fait, prenons un autre axe horizontal O — 45
sur lequel se compteront toujours les *temps* et un autre

axe vertical O$p$ sur lequel ou sur les parallèles duquel se compteront les *prix* du franc d'argent et du franc d'or exprimés soit en une autre marchandise (B), suivant la formule $\dfrac{1}{p_b}$, soit en toutes les autres marchandises

(B), (C), (D)…, suivant la formule $\dfrac{1}{\sqrt[m-1]{p_b.p_c\,p_d\ldots}}$, ou

suivant la formule $\dfrac{1}{bp_b + cp_c + dp_d + \ldots}$ et correspondants aux quantités ci-dessus dans les trois hypothèses du monométallisme-or, du monométallisme-argent et du bimétallisme. Dans la première hypothèse, l'or est à la fois marchandise et monnaie, sa courbe de prix est $\pi''\,\pi''_{45}$; l'argent n'est que marchandise, sa courbe de prix est $p'\,p'_{45}$. Dans la seconde hypothèse, l'argent est à la fois marchandise et monnaie, sa courbe de prix est $p''\,p''_{45}$; l'or n'est que marchandise, sa courbe de prix est $\pi'\,\pi'_{45}$. Dans la troisième hypothèse, il peut se présenter trois cas. La courbe $\pi''$ de prix de l'or à la fois marchandise et monnaie est nécessairement toujours supérieure à la courbe $\pi'$ de prix de l'or seulement marchandise; mais elle n'est pas nécessairement toujours supérieure à la courbe $p'$ de prix de l'argent seulement marchandise. De même, la courbe $p''$ de prix de l'argent à la fois marchandise et monnaie est nécessairement toujours supérieure à la courbe $p'$ de prix de l'argent seulement marchandise; mais elle n'est pas nécessairement toujours supérieure à la courbe $\pi'$ de prix de l'or seulement marchandise. S'il arrive que

5

les deux courbes $\pi''$ et $p''$ soient supérieures aux deux courbes $\pi'$ et $p'$, le bimétallisme est effectif, les deux métaux se trouvent tous deux dans la circulation monétaire, et leur prix commun est en même temps inférieur aux deux prix des deux métaux à la fois marchandise et monnaie et supérieur aux deux prix des deux métaux seulement marchandise. La courbe P de prix du franc d'or ou d'argent se place au-dessous des deux courbes $\pi''$ et $p''$ et au-dessus des deux courbes $\pi'$ et $p'$. C'est ce qui a lieu durant les périodes O-10, 15-25 et 35-45. S'il arrive que la courbe $\pi'$ s'élève au-dessus de la courbe $p''$, c'est-à-dire que le franc d'or seulement marchandise vaille plus que le franc d'argent à la fois marchandise et monnaie, le bimétallisme se résout en monométallisme-argent. La courbe P cède la place aux deux courbes $\pi'$ et $p''$. C'est ce qui a lieu durant la période 10-15. Et s'il arrive que la courbe $p'$ s'élève au-dessus de la courbe $\pi''$, c'est-à-dire que le franc d'argent seulement marchandise vaille plus que le franc d'or à la fois marchandise et monnaie, le bimétallisme se résout en monométallisme-or. La courbe P cède la place aux deux courbes $p'$ et $\pi''$. C'est ce qui a lieu durant la période 25-35. Ainsi, en définitive, dans les conditions de quantité des deux métaux supposées par notre figure, la courbe de prix de la marchandise monnaie, dans le système du bimétallisme est la courbe $PP_{45}$, suppléée d'abord par la courbe $p''$, de $P_{10}$ à $P_{15}$, et ensuite par la courbe $\pi''$, de $P_{25}$ à $P_{35}$. Cette courbe est remarquablement horizontale, ce qui vient de ce que nous avons supposé la quantité de l'argent et la quantité de l'or variant généralement en sens inverse; et cependant, telle qu'elle est, elle permet très bien de reconnaître les limites de l'action compensatrice du bimétallisme [1].

### Limites de l'action compensatrice du bimétallisme.

19. Complétons d'abord la première partie de la figure 2 au moyen des deux courbes $A'A'_{45}$, $B'B'_{45}$, relatives au système bimétallique, dont l'une partage la quantité totale des francs d'argent en francs d'argent marchandise et francs d'argent monnaie, les premiers se comptant sur la partie supérieure de l'ordonnée, entre les deux courbes A et A', les seconds, sur la partie inférieure, entre la courbe A' et l'axe horizontal, et dont l'autre partage la quantité totale des francs d'or en francs d'or marchandise et francs d'or monnaie, ceux-ci se comptant sur la partie supérieure de l'ordonnée, entre l'axe horizontal et la courbe B', ceux-là sur la partie inférieure, entre les deux courbes B' et B. Maintenant, toutes choses restant égales d'ailleurs, il peut arriver que, la quantité de l'un des deux métaux augmentant ou diminuant, la quantité de l'autre métal diminue ou augmente également, de telle sorte que la quantité totale de francs d'or et d'argent demeure la même et qu'en outre la quantité de francs d'or marchandise, la quantité de francs d'argent mar-

[1] Pour la construction de la courbe de prix de l'étalon bimétallique, voyez le cinquième mémoire de ma *Théorie mathématique de la richesse sociale*.

chandise et la quantité de francs d'or et d'argent monnaie demeurent aussi les mêmes, n'y ayant alors que la seule proportion des francs d'or et des francs d'argent monnaie qui change, comme cela a lieu durant la période 15-25. En ce cas, le bimétallisme est toujours effectif, et, en conséquence, le rapport de la valeur de l'or marchandise à la valeur de l'argent marchandise se maintient à 15 1/2 sur le marché. En outre, la quantité de la monnaie n'augmente ni ne diminue, et, en conséquence, les prix des marchandises en monnaie ne haussent ni ne baissent. Mais, d'abord, et même dans cette éventualité d'un des deux métaux devenant abondant ou rare pendant que l'autre métal devient rare ou abondant, il peut arriver que le métal abondant chasse complètement le métal rare de la circulation monétaire et y fournisse à lui seul plus ou moins de francs que n'en fournissaient auparavant les deux métaux réunis, comme cela a lieu durant la période 10-15 et durant la période 25-35. En ce cas, le bimétallisme se résout en monométallisme, et, en conséquence, le rapport de la valeur de l'or marchandise à la valeur de l'argent marchandise s'élève au-dessus ou s'abaisse au-dessous de 15 1/2 sur le marché. En outre, la quantité de la monnaie augmente ou diminue, et, en conséquence, il se produit une hausse ou une baisse des prix des marchandises en monnaie. Ensuite, il peut arriver aussi que, la quantité de l'un des deux métaux augmentant ou diminuant, la quantité de l'autre métal augmente ou diminue en même temps, de telle sorte que les deux métaux, or et argent, se trouvent toujours dans la circulation monétaire, mais y fournissent à eux deux plus ou moins de francs qu'ils n'en fournissaient auparavant, comme cela a lieu au commencement de la période O-10 et à la fin de la période 35-45. En ce cas, le bimétallisme est toujours effectif, et, en conséquence, le rapport de la valeur de l'or marchandise à la valeur de l'argent marchandise se maintient à 15 1/2 sur le marché; mais la quantité de la monnaie augmente ou diminue, et, en conséquence, les prix des marchandises en monnaie haussent ou baissent.

Tels sont les effets des variations possibles dans la quantité des métaux précieux; il faudrait signaler aussi les effets des variations possibles dans leur utilité, lesquels effets seraient précisément le contraire des effets des variations dans la quantité. On se rendrait ainsi un compte exact des limites de l'action compensatrice du système bimétallique. Mais c'est là ce que les partisans de ce système ont complètement négligé de faire; ils ont trouvé plus expéditif (et ce l'était effectivement) de nier *a priori* la possibilité de toutes ces variations. « La production de l'or est très irrégulière, disait M. Cernuschi dans le troisième considérant de son *Projet de convention internationale bimétallique proposé* à la Conférence monétaire de 1881, très irrégulière celle de l'argent, tandis que la production additionnée des deux métaux évalués à la proportion légale est très suffisamment régulière. » *(Conférence monétaire internationale, juin-juillet 1881. Procès-verbaux*, p. 154.) Que la production totale de deux

métaux soit moins irrégulière que celle d'un seul, que
la production totale de trois métaux fût plus régulière
que celle de deux, celle de quatre que celle de trois...
et ainsi de suite, cela serait conforme à la théorie des
probabilités; mais que, la production de l'or étant très
irrégulière, et très irrégulière aussi celle de l'argent,
la production additionnée des deux métaux évalués à
la proportion de 15 1/2 soit très suffisamment régulière, voilà qui serait vraiment extraordinaire et presque miraculeux! Aussi certains bimétallistes particulièrement convaincus et enthousiastes n'hésitent-ils pas
à se porter ici garants des bonnes intentions de la Providence. Malheureusement, les faits tels que nous les
fournissent l'histoire et la statistique n'exigent ni ne
justifient à aucun degré l'hypothèse de cette intervention surnaturelle; ils confirment, au contraire, notre
théorie en même temps qu'ils sont éclairés par elle
d'une lumière irrésistible. Par trois fois au moins depuis son établissement, c'est-à-dire depuis le commencement de ce siècle, — la Providence étant apparemment
trop absorbée par d'autres soins — le bimétallisme a été
pris complètement en défaut par des variations dans
l'utilité et dans la quantité de l'or et de l'argent qui
dépassaient tout à fait les limites de son action compensatrice et il a, comme nous allons voir, finalement
péri dans cette épreuve.

## III.

### TRANSFORMATION DU BIMÉTALLISME EN SYSTÈME DE LA MONNAIE D'OR AVEC BILLON D'ARGENT RÉGULATEUR

#### Crise de 1810 à 1850.

20. De 1810 à 1850, il y eut un ralentissement simultané dans la production de l'or et de l'argent provenant de la désorganisation des mines en Amérique. Conformément à notre théorie ci-dessus exposée, les prix des marchandises en monnaie baissèrent. M. de Laveleye a lui-même reconnu le fait de cette baisse dans la *Bibliothèque universelle*, en mars 1882 *(Des fonctions de la monnaie*, p. 400), et dans le *Journal des Economistes*, en mars 1885 *(la Crise et la contraction monétaire*, p. 415). La crise fut longue et intense; mais, comme le bimétallisme resta malgré tout effectif, le législateur ne fut pas amené à prendre aucune mesure. Toujours est-il que le parachute n'empêcha pas la chute.

#### Crise de 1850 à 1870 : création du billon *divisionnaire* ; hausse des prix.

21. Vers 1850, par suite de la découverte des gisements aurifères de la Californie et de l'Australie, l'or

devint très abondant et tendit à chasser complètement
l'argent de la circulation monétaire. Le bimétallisme
se résolvait en monométallisme-or, et le rapport de la
valeur de l'or marchandise à la valeur de l'argent
marchandise s'abaissait au-dessous de 15 1/2 sur le
marché. En outre, la quantité de la monnaie augmentait et les prix des marchandises en monnaie haussaient. La première conséquence, celle de la disparition
de l'argent, força le législateur à intervenir. Pour re-
tenir dans la circulation la monnaie d'argent divisionnaire, on la transforma en un billon par l'abaissement
de son titre de 900/1000 à 835/1000. Ce fut le premier
coup porté au bimétallisme; aussi les bimétallistes
déplorent-ils amèrement cette altération du titre de la
monnaie d'argent divisionnaire. Ils feraient mieux de
nous expliquer comment on eût pu pourvoir autrement
aux petits payements. Quant à la seconde conséquence,
celle de la hausse de tous les prix, elle fut considérée
comme un signe de la prospérité due à l'excellence des
gouvernements, et on en laissa profiter les producteurs
et débiteurs et pâtir les consommateurs et créanciers.
C'est cette hausse de prix que Jevons a mesurée et
trouvée de 10,25 pour 100, en restant sensiblement au-
dessous de la vérité, comme je l'ai expliqué ailleurs.

Crise actuelle : création du billon spécial ou complémentaire;<br>baisse des prix.

22. Après 1870, en raison de la découverte de mines
d'argent dans le Nevada et aussi en raison du rempla-
cement, en Allemagne, de la monnaie d'argent par la

monnaie d'or, l'argent est devenu, à son tour, très abondant et a tendu à chasser complètement l'or de la circulation monétaire en France et dans l'Union latine. Le bimétallisme se résolvait en monométallisme-argent, et le rapport de la valeur de l'or marchandise à la valeur de l'argent marchandise s'élevait au-dessus de 15 1/2 sur le marché. En outre, la quantité de la monnaie augmentait et les prix des marchandises en monnaie haussaient. Ce fut alors que, sous l'influence de la doctrine monométalliste, le législateur intervint. Il restreignit d'abord, en 1874, puis suspendit complètement, en 1878, le monnayage de l'argent. Nous en sommes là, et c'est cette situation qu'il faut apprécier exactement.

La suspension du monnayage de l'argent a certainement arrêté la substitution complète de l'argent à l'or dans la circulation monétaire de l'Union latine et empêché le bimétallisme de se résoudre en monométallisme-argent ; mais elle a non moins certainement accéléré et accentué la hausse au-dessus de 15 1/2 du rapport de la valeur de l'or marchandise à la valeur de l'argent marchandise, supprimé la monnaie d'argent et tué le bimétallisme lui-même. M. Cernuschi nous parle à tout propos d'*assignats métalliques* et de *monométallisme bossu ;* ces expressions ne sont ni assez scientifiques ni assez exactes. Du moment où la frappe des écus d'argent n'est plus libre, la valeur de l'argent monnaie est toujours le $\dfrac{1}{15,5}$ de la valeur de l'or monnaie, tandis que la valeur de l'argent marchandise n'est plus que le $\frac{1}{19}$ ou le $\frac{1}{20}$ de la valeur de l'or marchandise ; en d'autres termes, les écus d'argent ont comme monnaie une valeur légale et conventionnelle supérieure à la valeur réelle et commerciale qu'ils auraient comme marchandise : ils ne sont pas des assignats métalliques, ils sont un *billon*. D'autre part, du moment où l'argent est billon et où l'or seul est monnaie, nous sommes, de fait, régis par l'étalon d'or ; nous le serions aussi de nom si l'on définissait dorénavant, ainsi qu'on devrait le faire, le franc non plus comme « 5 grammes d'argent à 9/10 de fin », mais comme « $\frac{5}{15,5} = \frac{10}{31}$ grammes d'or à 9/10 de fin ». Il ne s'en faut que de cet aveu que nous soyons au régime non du monométallisme bossu, mais de la *monnaie d'or avec billon d'argent spécial ou complémentaire*. Ce système monétaire est le cinquième qui s'offre à nous dans cette étude, et, comme je vais le montrer dans un instant, il se trouve que c'est le bon.

Voilà donc pour ce qui est du rapport de valeur de l'or et de l'argent ; quant au mouvement des prix, la suspension du monnayage de l'argent a complètement dépassé le but : elle a substitué une diminution à une augmentation dans la quantité de la monnaie, et une baisse à une hausse des prix des marchandises en monnaie. Le monnayage de l'argent est arrêté ; mais la démonétisation de l'or ne l'est pas. Depuis deux ou trois ans, personne n'apporte aux Hôtels des Monnaies de l'or marchandise à transformer en or monnaie, et il est à croire qu'au contraire on transforme de l'or monnaie en or marchandise. La production de l'or est inférieure à sa consommation. Ainsi la quantité de la monnaie diminue ; en conséquence, les prix des marchandises en monnaie baissent. Ils baissent peut-être pour d'autres raisons encore ; mais ils baissent incontestablement pour celle-là. Sur ce point, les bimétallistes ont pleinement raison contre le parti-pris des monométallistes. Seulement, il ne faudrait pas se borner, comme ils le font, à affirmer cette baisse : il faudrait la constater et la mesurer.

> Il ne reste plus qu'à faire du billon spécial ou complémentaire un billon *régulateur*.

23. Je résume ainsi le procès. Si, comme l'auraient voulu les bimétallistes, on avait laissé le rapport légal de 15 1/2 produire librement ses conséquences, tout l'argent démonétisé par l'Allemagne, accompagné de celui des mines du Nevada, serait venu se faire monnayer dans l'Union latine ; tout notre or serait passé en Allemagne ; nous aurions eu une monnaie exclusivement d'argent, d'ailleurs très abondante, et une hausse considérable des prix au détriment des propriétaires fonciers, des travailleurs et des capitalistes. Les monométallistes étant intervenus et ayant réussi à faire d'abord restreindre, puis suspendre la frappe des écus, l'argent allemand et américain, partout repoussé comme métal monnaie, s'est amassé sur le marché du métal marchandise et y a déterminé une baisse de 20 pour 100 ; une partie de notre or nous est restée ;

mais la monnaie est, malgré tout, très rare et il se
produit une baisse considérable des prix au détriment
des entrepreneurs. Je demande : « Pourquoi suspendre
complètement la frappe des écus au lieu de la restrein‑
dre purement et simplement dans les limites néces‑
saires pour qu'il n'y ait pas plus de crise de baisse que
de crise de hausse ? » — « Mais, me répondra-t-on, quel
est votre principe régulateur ? »

Je l'ai dit. Le but à poursuivre n'est pas de rendre
absolument fixe la rareté et la valeur de la marchan‑
dise monnaie. Parmi les marchandises ordinaires, il y
en a, comme certains produits agricoles, qui, indépen‑
damment des oscillations hebdomadaires, mensuelles
ou annuelles, augmentent régulièrement de rareté et
de valeur ; et il y en a d'autres, comme la plupart des
produits industriels, qui, indépendamment des oscilla‑
tions dues à des causes diverses, diminuent régulière‑
ment de rareté et de valeur. Tout serait pour le mieux
*si la rareté de la marchandise numéraire et monnaie
variait comme la rareté moyenne de la richesse sociale.*
L'or, pas plus qu'aucune marchandise quelconque, ne
saurait prendre naturellement une telle variation de
rareté et de valeur ; mais on peut la lui imprimer arti‑
ficiellement en ajoutant à la circulation monétaire, ou
en en retranchant, selon les besoins, des écus d'argent.
Et c'est à quoi j'ai démontré qu'on arriverait précisé‑
ment en faisant ces additions ou ces soustractions *de
façon à ce que le prix moyen de la richesse sociale en
la marchandise numéraire et monnaie ne variât pas.*
Sans doute il est évident qu'on ne peut pas ajouter à

la circulation monétaire ou en retrancher des écus d'argent de façon à prévenir toute variation du prix moyen de la richesse sociale en or; mais il semble qu'on pourrait le faire de façon à ramener périodiquement ce prix moyen à la constance en ajoutant des écus quand il tendrait à baisser et en retranchant quand il tendrait à hausser.

C'est ce que j'appelle système de la *monnaie d'or avec billon d'argent régulateur*, et j'insiste sur ce point que ce système est actuellement le nôtre, celui auquel nous a conduits la logique des faits plus forte que celle des bimétallistes. L'or seul est aujourd'hui *monnaie* et doit seul fournir la définition du franc. Le franc doit être défini comme « les $\dfrac{5}{15,5} = \dfrac{10}{31}$ grammes d'or à 9/10 de fin ». L'argent est *billon :* il doit être billon *divisionnaire* pour les pièces de 1/2, 1 et 2 francs, soit de 2 1/2, 5 et 10 grammes, à 835/1000; il doit être billon *régulateur* pour les pièces de 5 francs, soit de 25 grammes, à 900/1000. Un calcul mathématique dont il reste à fixer le détail pratique nous apprendra si nous devons verser peu à peu du billon régulateur dans la circulation monétaire ou en retirer. Dans le premier cas, nous inclinons dans le sens du bimétallisme où nous reviendrons tout à fait si nous prenons assez d'argent sur le marché du métal marchandise pour faire remonter son prix en or de $\dfrac{1}{19}$ ou $\dfrac{1}{20}$ à $\dfrac{1}{15,5}$.

Dans le second cas, nous penchons vers le monométallisme-or où nous serons définitivement arrivés le jour où il ne restera plus d'écus d'argent dans la circulation monétaire. Ainsi, nous évitons de nous précipiter aveuglément dans l'un ou dans l'autre de ces systèmes, ou de nous arrêter immobiles et indécis entre les deux; mais nous nous plaçons dans une situation intermédiaire en nous réservant d'aller soit à l'un soit à l'autre, selon qu'il le faudra, en raison de la pénurie ou de l'afflux de l'or, pour soustraire les prix à toute contraction comme à toute inflation générale et persistante.

# IV.

## DIFFICULTÉS DE RÉALISATION

**Etude à faire de la courbe du prix de la richesse sociale en le numéraire et la monnaie. Nécessité d'une entente internationale.**

24. Pour aller jusqu'au bout de la question de la monnaie, il y aurait encore beaucoup à faire. Il me resterait à indiquer en détail, et sur un exemple emprunté au passé, comment, à quels moments, en quelles proportions, il eût fallu effectuer l'introduction ou le retrait du billon régulateur pour maintenir aussi horizontale que possible la courbe du prix de la monnaie en la richesse sociale ou son inverse la courbe du prix de la richesse sociale en la monnaie. Or il y a là des difficultés. On m'en a signalé quelques-unes ; je ne sais si l'on n'a pas omis la plus sérieuse de toutes. Est-il, oui ou non, possible de prévoir le mouvement de la courbe dont il s'agit, au moins jusqu'à un certain point, d'après des indices directs et sûrs tels que des variations dans la quantité ou dans l'utilité des métaux précieux ? Et, sinon, qui nous garantit que nous n'introduirons pas du billon régulateur dans la circulation à la veille d'une hausse des prix et que nous n'en retirerons pas à la veille d'une baisse, exagérant ainsi, au

lieu de les restreindre, les oscillations du marché ? Il
me faudrait expliquer aussi qu'un système tel que le
mien ne saurait être pratiqué par une nation isolée, ni
même par une union limitée de nations comme l'Union
latine ; qu'il doit être universel dans une certaine mesure. Autre difficulté très grave. L'Allemagne et les
Etats-Unis sont déjà, de fait, comme l'Union latine, au
régime de la monnaie d'or avec billon d'argent complémentaire : l'ancienne pièce d'argent de 1 thaler, qui
circule encore, aussi bien que la nouvelle pièce de
5 marks, la pièce d'argent de 1 dollar, toutes pièces
dont la frappe est ou suspendue ou limitée, sont du
billon comme la pièce d'argent de 5 francs. Si l'on
veut réserver la question de l'adoption d'une monnaie
universelle, si l'on veut réserver même la question,
moins compliquée et plus pressante, de l'adoption d'un
rapport universel entre la valeur de la monnaie d'or et
la valeur du billon d'argent régulateur, il faudrait au
moins que l'Angleterre consentît à reprendre la frappe
de la pièce d'argent de 1 couronne ou de 5 shillings
comme billon spécial, et que l'Angleterre, l'Allemagne
et les Etats-Unis fussent d'accord avec l'Union latine
pour faire de tout ce billon spécial et complémentaire
d'argent un billon régulateur qui serait frappé en
quantités déterminées pour chaque pays par des con-
ventions internationales. Autrement, si l'Union latine
reprenait seule la frappe des écus, le premier effet de
cette reprise serait de faire passer tout son or à l'étranger et de la laisser dépourvue de monnaie. Ce n'est pas
tout : il faudrait aussi que les principales puissances

monétaires s'entendissent pour réglementer leurs émissions de monnaie de papier et surtout de billets de banque à cours forcé. Autrement, toute régularisation de la variation de valeur de la monnaie serait illusoire. Je n'aborderai pas ces parties de la question, non seulement parce que, dans le cadre que je me suis aujourd'hui tracé, l'espace me ferait défaut, mais parce que, je dois l'avouer franchement, je n'en ai pas fait une étude assez approfondie. Je ne veux pas me laisser entraîner à affirmer des choses dont je doute encore ; je veux, au contraire, m'en tenir aux points dont je suis sûr. J'ignore ce qui sera possible, je sais seulement ce qui serait désirable. Autrement dit, je ne me flatte pas d'avoir résolu le problème, je prétends seulement l'avoir posé, et voici exactement dans quels termes.

**En tout cas, il faut renoncer à l'optimisme monétaire.**

**24.** Il faut absolument renoncer à l'optimisme qui a régné jusqu'ici et qui règne encore dans les sphères officielles de l'économie politique. Cela est dur ; car rien n'était plus commode et plus agréable qu'un tel point de vue auquel toute la science pure consistait à célébrer les harmonies providentielles de la richesse sociale, et toute la science appliquée se réduisait, en conséquence, à cette formule : *Ne rien faire !* Malheureusement cette conception reçoit tous les jours, sous nos yeux, de la réalité, de trop accablants démentis. Sans doute, le système des phénomènes économiques tend de lui-même à l'équilibre sous le régime de la libre concurrence, comme le système des phénomènes astronomiques sous l'influence de l'attraction universelle ; mais, au lieu que les corps célestes gravitent régulièrement et paisiblement le long de leurs trajectoires, les services et les produits subissent des changements de prix brusques et violents dont il faudrait connaître bien plus à fond que nous ne les connaissons les causes et les conséquences afin de les prévoir et peut-être de les prévenir. Laissons de côté les troubles de la production pour nous en tenir à ceux de la circulation. Jamais les monométallistes ne consentent à les avouer. — « Rien, disent-ils, ne fait prévoir la diminution de la quantité de l'or. Et si cette quantité venait, contre toute attente, à diminuer, le développement des compensations suppléerait, et au delà, à l'absence de la monnaie métallique, etc. etc. ». Les bimétallistes ont certainement étudié la question de la monnaie plus sérieusement ; ils font intervenir l'Etat pour fixer un rapport de la valeur de l'or monnaie à la valeur de l'argent monnaie. Ils sont des hétérodoxes, mais ils bien encore imprégnés d'optimisme ! On a entendu M. Cernuschi : — « La production de l'or est très irrégulière, très irrégulière celle de l'argent, tandis que la production additionnée des deux métaux évalués à la proportion légale est très suffisamment régulière » Voilà qui tient lieu d'une analyse scientifique des effets des variations dans la quantité de la monnaie sur les prix ; voilà la base fragile de tout le système. Hélas, non ! La production de l'or est très irrégulière, très irrégulière celle de l'argent, et très irrégulière aussi, nous l'avons constaté, la production additionnée des deux métaux évalués à la proportion de 15 1/2. Puis sur cette économie politique pure si succincte, toujours la même économie politique appliquée simple et facile. — « La monnaie, dit M. Cernuschi, doit être automatique ». Voilà la règle posée. Eh bien, non! La monnaie doit être d'une valeur réelle égale à sa valeur nominale ; elle doit être, en outre, d'une valeur aussi régulièrement variable que possible. C'est là ce qu'elle doit être. Et si, pour la rendre telle, il est besoin que l'Etat intervienne un peu plus que vous ne l'avez déjà fait intervenir, la monnaie ne doit pas être et ne sera pas automatique.

Et il faut agir sur la nature des choses dans l'ordre social comme dans l'ordre industriel.

26. Nous sommes, en présence des variations dans la quantité des métaux précieux qui alimentent la circulation monétaire, comme les habitants d'une vallée en présence des variations dans la quantité de l'eau du fleuve qui les arrose. Nos Bernardin de Saint-Pierre s'extasient sur la beauté et la majesté de ce grand courant qui finit toujours, tôt ou tard, par rentrer dans son lit quand il en est sorti par hasard. Ils nous adjurent de ne pas toucher à l'œuvre de la nature, de ne pas substituer (c'est une de leurs phrases favorites) les conceptions de notre faible cerveau aux plans admirables de la Providence. Mais si, négligeant cette rhétorique, nous procédons à un examen attentif des faits, nous constatons les ravages exercés par le fleuve à

l'époque des crues, les inconvénients de la sécheresse absolue qui vient ensuite ; et, très froidement, mais très fermement, nous nous demandons si, au moyen d'un système de bassins et de réservoirs qui recevraient les eaux au moment de leur surabondance et les rendraient lorsqu'elles sont insuffisantes, nous ne pourrions transformer un torrent dévastateur en un canal d'irrigation et de fertilisation. On nous objecte que cette opération sera difficile et coûteuse, que, si nous ne sommes pas renseignés sur un grand nombre de phénomènes physiques et météorologiques, nous risquons de remplir nos réservoirs et de les vider mal à propos ; qu'il n'y a rien à faire que d'un commun accord avec les riverains qui sont en amont et ceux qui sont en aval. Soit ! Nous sommes toujours un peu plus avancés que ceux qui ferment les yeux pour ne rien voir. Impossible aujourd'hui, l'exécution des travaux peut devenir possible dans quelque temps d'ici. Mais est-elle bien réellement impossible ? Que d'entreprises gigantesques et fécondes ont été accomplies, dans l'ordre des sciences physiques et naturelles et de leurs applications au génie civil, qui seraient encore à commencer si, de ce côté, on eût toujours fait preuve d'autant d'ignorance et de timidité que nous en montrons dans l'ordre des sciences morales et politiques et de leurs applications au progrès social. Portons, une fois pour toutes, dans cet ordre de recherches et d'efforts la méthode qui consiste à faire d'abord avec soin la science pure et à aborder ensuite avec énergie la science appliquée. Peut-être, ayant un peu plus de lumières, aurons-nous aussi un peu plus de courage. Et peut-être cesserons-nous de donner le triste spectacle de la plus complète impuissance à mener à bien les réformes économiques et sociales les plus urgentes et, en toute première ligne, la réforme de notre système de monnaie.

# TROISIÈME PARTIE

# DESIDERATA STATISTIQUES

---

## I.

### DE LA DÉTERMINATION DU PRIX DE LA RICHESSE SOCIALE EN MONNAIE

#### Position du problème de la stabilité des prix.

**27.** Les dernières questions à résoudre en vue de l'achèvement d'une théorie rationnelle de la monnaie ayant le caractère de questions de statistique et non plus d'économie politique, je trouve, toute réflexion faite, qu'il vaut peut-être mieux les poser aux statisticiens que d'essayer de les résoudre moi-même. Celle que j'introduirai d'abord se rapporte à la détermination du prix de la richesse sociale en monnaie. Elle se présente de la manière suivante :

(A), (B), (C), (D)... étant un certain nombre de marchandises, (A) étant la marchandise numéraire et monnaie, $\pi_b$, $\pi_c$, $\pi_d$... étant les prix de (B), (C), (D)... en (A) à un certain moment, $p'_b$, $p'_c$, $p'_d$... étant ces prix à un autre moment, Q et Q' étant les quantités totales de (A) marchandise et monnaie aux deux moments dont

il s'agit, nous supposons démontré que l'on peut, si
l'on veut, augmenter ou diminuer proportionnellement
tous les prix $p'_b$, $p'_c$, $p'_d$... par une augmentation ou
une diminution proportionnelle de $Q'$ conformément à
l'équation

$$\frac{p''_b}{p'_b} = \frac{p''_c}{p'_c} = \frac{p''_d}{p'_d} = ... = \frac{Q''}{Q'}.$$

Cette possibilité résulte de ce double fait : que 1° *Les
prix sont égaux aux rapports des raretés*, et que
2° *Toutes choses égales d'ailleurs, la rareté de la marchandise monnaie est sensiblement en proportion inverse de sa quantité*. Et la démonstration rigoureuse
de ces deux faits implique une économie politique pure
toute mathématique entièrement nouvelle. Mais j'ai résumé cette économie politique pure et la démonstration
qu'elle permet dans les deux premières parties de la
présente *Théorie de la monnaie*; et c'est pourquoi j'ai
le droit de faire la supposition dont j'ai parlé. Or, dans
cette hypothèse, le problème qui se pose est le suivant :
— *Que doit être $Q''$ par rapport à $Q'$, autrement dit,
que doivent être $p''_b$, $p''_c$, $p''_d$... par rapport à $p'_b$, $p'_c$,
$p'_d$... pour que la stabilité des prix soit la plus grande
possible*, c'est-à-dire pour que le trouble occasionné
par la substitution de l'équilibre économique sur le
pied des prix $p''_b$, $p''_c$, $p''_d$... à l'équilibre économique
sur le pied des prix $\pi_b$, $\pi_c$, $\pi_d$... soit le moins grand
possible, tant au point de vue des entrepreneurs acheteurs de services aux derniers prix et vendeurs de produits aux premiers, qu'au point de vue des proprié-

taires fonciers, travailleurs et capitalistes acheteurs de
produits aux premiers prix et vendeurs de services aux
derniers ?

Cas particulier d'une hausse ou d'une baisse proportionnelle
de tous les prix.

28. Il est un cas où la réponse est évidente. S'il se
trouvait par hasard que l'on eût

$$\frac{\pi_b}{p'_b} = \frac{\pi_c}{p'_c} = \frac{\pi_d}{p'_d} = \ldots = \mu,$$

il est bien clair qu'il faudrait poser

$$\frac{Q''}{Q'} = \mu,$$

soit

$$p''_b = \pi_b, \qquad p''_c = \pi_c, \qquad p''_d = \pi_d \ldots$$

puisqu'ainsi on maintiendrait purement et simplement
le premier équilibre.

Ce cas est celui qui se présenterait si, toutes choses
restant égales d'ailleurs, la quantité primitive Q de
marchandise monnaie était devenue $Q' = \dfrac{Q}{\mu}$. Alors, en
faisant $Q'' = \mu Q' = Q$, on remédierait à la seule cause
de modification des prix. Le même cas pourrait se présenter, mais plus improbablement, par suite non plus
d'une augmentation ou d'une diminution dans la quantité de (A), mais d'une diminution ou d'une augmentation, dans certaines conditions, des quantités de (B),

(C), (D)... et, alors encore, on pourrait rétablir l'an-
cien équilibre comme par un coup de baguette au
moyen d'un changement de Q' en $Q'' = \mu\,Q'$ au lieu de
le laisser se rétablir de lui-même au moyen d'une hausse
ou d'une baisse du prix des services.

Il faut s'arrêter un instant sur ce point qui se rapporte directement aux circonstances actuelles.

On croit constater, à l'heure qu'il est, une baisse
plus ou moins proportionnelle dans le prix d'un grand
nombre de marchandises, sinon de toutes ; sur quoi,
une controverse s'engage entre savants. Les uns, qui
sont les bimétallistes, soutiennent que cette baisse
est due à une diminution proportionnelle dans la
quantité de la monnaie et qu'il y faut remédier en
donnant l'argent comme auxiliaire à l'or dans la circulation monétaire. Les autres, qui sont les monométallistes, soutiennent que cette baisse est due à une
augmentation dans la quantité des marchandises ré-
sultant de certains progrès industriels et commerciaux
et qu'il n'y a pas lieu, en conséquence, d'y remédier
d'aucune manière. Je me permets d'insister sur le fait
que cette controverse, ainsi engagée, n'a pas grand intérêt. Que si les bimétallistes avaient raison et réus-
sissaient à démontrer que la quantité de la monnaie
a diminué, tandis que la quantité des autres marchandises n'aurait pas varié, il conviendrait évidemment
d'augmenter la quantité de la monnaie pour relever
les prix. Mais que si les monométallistes étaient dans
le vrai et parvenaient à mettre hors de doute que la
quantité des marchandises a augmenté, tandis que la

quantité de la monnaie n'aurait pas varié, il me semble qu'il conviendrait tout autant d'augmenter la quantité de la monnaie et de relever les prix, si on le pouvait, puisqu'ainsi on rétablirait l'équilibre. Car, enfin, que la quantité de la marchandise monnaie ait diminué, les quantités des autres marchandises étant restées les mêmes, ou que la quantité de la marchandise monnaie soit restée la même, les quantités des autres marchandises ayant augmenté, il y a toujours insuffisance de la quantité de la marchandise monnaie par rapport à la quantité des autres marchandises. Le raisonnement serait le même en cas de hausse.

*Cas général* : système de l'*étalon multiple* ; système de la *moyenne géométrique des prix.*

**29.** Mais ces cas simples ne se présentent guère dans la réalité. En général, il y a à la fois, d'un moment à l'autre, variation dans l'utilité et dans la quantité de toutes les marchandises, y compris la marchandise monnaie ; et ainsi, soit en thèse générale, soit dans les circonstances actuelles, il faut chercher à résoudre le problème de la stabilité des prix par des modifications à effectuer dans la quantité de la monnaie en supposant qu'il y a eu en même temps variation dans l'utilité et dans la quantité de la marchandise monnaie et variation dans l'utilité et dans la quantité des autres marchandises.

Dans mon mémoire intitulé : *Théorie mathématique du bimétallisme*, j'indiquais comme solution la fixité de prix d'un *étalon multiple*. Cet étalon serait composé d'une quantité $b$ de (B), d'une quantité $c$ de (C), d'une quantité $d$ de (D)... et le prix de la richesse sociale en monnaie serait

$$bp_b + cp_c + dp_d + ...$$

Plus tard, dans mon mémoire intitulé : *D'une méthode de régularisation de la variation de valeur de la monnaie*, j'ai cru la trouver dans la fixité de la *moyenne géométrique des prix* de (B), (C), (D)... Le prix de la richesse sociale en monnaie serait alors

$$\sqrt[m-1]{p_b \cdot p_c \cdot p_d \, ...}$$

Ces deux formules conviennent également bien au cas particulier d'une hausse ou d'une baisse proportionnelle de tous les prix. Plusieurs personnes m'ont fait observer que la seconde ne tenait pas compte d'une circonstance essentielle, celle de l'inégalité dans la production et la consommation des marchandises; cette observation me paraît fondée et, pour m'y conformer, j'inclinerais aujourd'hui à revenir à la première. Je pose

Soit toujours (A) la marchandise numéraire et monnaie. Mais soient maintenant, conformément aux notations de mes *Eléments d'économie politique pure* et de ma *Théorie mathématique de la richesse sociale*, (B), (C), (D)... des produits, (T), (P), (K)... des services producteurs, $\pi_b$, $\pi_c$, $\pi_d$... des prix d'équilibre de (B), (C), (D)... $\pi_t$, $\pi_p$, $\pi_k$... des prix d'équilibre de (T), (P), (K)... en (A), et enfin $b_t$, $b_p$, $b_k$... $c_t$, $c_p$, $c_k$... $d_t$, $d_p$, $d_k$... les quantités respectives de (T), (P), (K)... qui entrent

dans la confection d'une unité de (B), de (C), de (D)...
on aurait d'une part en vertu de l'équilibre,

$$\pi_b = b_t\,\pi_t + b_p\,\pi_p + b_k\,\pi_k + \dots$$

$$\pi_c = c_t\,\pi_t + c_p\,\pi_p + c_k\,\pi_k + \dots$$

$$\pi_d = d_t\,\pi_t + d_p\,\pi_p + d_k\,\pi_k + \dots$$

$$\cdot \quad \cdot \quad \cdot \quad \cdot \quad \cdot \quad \cdot$$

tandis qu'on aurait d'autre part

$$p''_b \gtrless b_t\,\pi_t + b_p\,\pi_p + b_k\,\pi_k + \dots$$

$$p''_c \gtrless c_t\,\pi_t + c_p\,\pi_p + c_k\,\pi_k + \dots$$

$$p''_d \gtrless d_t\,\pi_t + d_p\,\pi_p + d_k\,\pi_k + \dots$$

$$\cdot \quad \cdot \quad \cdot \quad \cdot \quad \cdot \quad \cdot \quad \cdot$$

Mais supposons que $Q_b$, $Q_c$, $Q_d$... fussent les quantités respectives de (B), (C), (D)... que les entrepreneurs auraient à fournir aux propriétaires fonciers, travailleurs et capitalistes aux prix $p''_b$, $p''_c$, $p''_d$... tout en obtenant d'eux les services producteurs aux anciens prix d'équilibre $\pi_t$, $\pi_p$, $\pi_k$... si l'on avait l'équation

$$Q_b\,p''_b + Q_c\,p''_c + Q_d\,p''_d + \dots = Q_b\pi_b + Q_c\pi_c + Q_d\pi_d + \dots$$

il est certain que les entrepreneurs, pris dans leur ensemble, d'une part, et les propriétaires fonciers, travailleurs et capitalistes, pris dans leur ensemble, d'autre part, ne gagneraient ni ne perdraient rien à la substitution du système de prix $p''_b$, $p''_c$, $p''_d$... au système de prix $\pi_b$, $\pi_c$, $\pi_d$... même avant que les prix des services se fussent équilibrés avec les prix des produits. En effet, ce que les consommateurs, pris dans leur ensemble, perdraient par la hausse du prix de certaines marchandises, ils le gagneraient exactement par la baisse du prix de certaines autres. Ils devraient seulement consommer plus des marchandises qui auraient baissé et moins des marchandises qui auraient haussé de prix. Et, de même, ce que les producteurs, pris dans leur ensemble, perdraient par la baisse du prix de certaines marchandises, ils le gagneraient exactement par la hausse du prix de certaines autres. Il est vrai qu'ici la compensation se ferait seulement d'un producteur à l'autre; c'est-à-dire que ce que certains producteurs perdraient par la baisse du prix de leurs produits, d'autres producteurs le gagneraient exactement par la hausse du prix des leurs. Les premiers devraient restreindre leur production, et les seconds développer la leur, en vue du rétablissement de l'équilibre. Toujours est-il que l'aléa aurait été réduit et le rétablissement de l'équilibre facilité autant que possible.

Dans la pratique, il y aurait lieu de faire $b$, $c$, $d$... sensiblement proportionnels à $Q_b$, $Q_c$, $Q_d$... c'est-à-dire de composer l'étalon multiple en y faisant entrer un nombre convenable des marchandises les plus importantes auxquelles on affecterait un nombre également convenable de coefficients plus ou moins proportionnels à la quantité produite et consommée.

# II.

## CONSTRUCTION DE LA COURBE DE VARIATION DU PRIX DE LA RICHESSE SOCIALE EN MONNAIE

**Formule indéterminée du prix de la richesse sociale en monnaie.
Equation de constance.**

30. Mais j'oublie que je voulais poser et non résoudre la question de la détermination du prix de la richesse sociale en monnaie qui est une question de moyenne et par conséquent une question de statistique. C'est pourquoi, désignant à présent ce prix par la formule indéterminée

$$F\,(p_b,\, p_c,\, p_d\ldots),$$

je passe à l'étude des moyens pratiques les plus propres à en assurer la constance.

$\pi_b,\, \pi_c,\, \pi_d\ldots$ étant les prix des marchandises (B), (C), (D)... en la marchandise monnaie (A) à un certain moment initial, $p_b,\, p_c,\, p_d\ldots$ étant ces prix à un autre moment postérieur quelconque, l'idéal à poursuivre, au point de vue de la plus grande stabilité possible, serait donc que l'on eût

$$F\,(p_b,\, p_c,\, p_d\ldots) = F\,(\pi_b,\, \pi_c,\, \pi_d\ldots),$$

soit

$$\frac{\mathrm{F}\,(p_\mathrm{b}, p_\mathrm{c}, p_\mathrm{d}\ldots)}{\mathrm{F}\,(\pi_\mathrm{b}, \pi_\mathrm{c}, \pi_\mathrm{d}\ldots)} = 1.$$

Et, ainsi, la première chose à faire est de construire la courbe qui, ayant pour abscisses les temps $t_1, t_2, t_3 \ldots$ écoulés depuis le moment initial, aurait pour ordonnées les valeurs successives correspondantes

$$\frac{\mathrm{F}\,(p_{\mathrm{b},1}, p_{\mathrm{c},1}, p_{\mathrm{d},1}\ldots)}{\mathrm{F}\,(\pi_\mathrm{b}, \pi_\mathrm{c}, \pi_\mathrm{d}\ldots)},$$

$$\frac{\mathrm{F}\,(p_{\mathrm{b},2}, p_{\mathrm{c},2}, p_{\mathrm{d},2}\ldots)}{\mathrm{F}\,(\pi_\mathrm{b}, \pi_\mathrm{c}, \pi_\mathrm{d}\ldots)},$$

$$\frac{\mathrm{F}\,(p_{\mathrm{b},3}, p_{\mathrm{c},3}, p_{\mathrm{d},3}\ldots)}{\mathrm{F}\,(\pi_\mathrm{b}, p_\mathrm{c}, p_\mathrm{d}\ldots)},$$

$$\cdot\quad\cdot\quad\cdot\quad\cdot\quad\cdot\quad\cdot\quad\cdot$$

et de voir, au cas où cette courbe ne serait pas naturellement une droite horizontale, jusqu'à quel point on pourrait artificiellement la ramener à l'horizontalité, ou, du moins, l'en rapprocher.

Courbe de variation de la moyenne géométrique des prix.<br>Construction de Jevons.

31. La courbe en question n'a pas été construite, que je sache, suivant la formule

$$\frac{b p_\mathrm{b} + c p_\mathrm{c} + d p_\mathrm{d} + \ldots}{b \pi_\mathrm{b} + c \pi_\mathrm{c} + d \pi_\mathrm{d} + \ldots}$$

correspondant au système de l'étalon multiple. Mais elle l'a été suivant la formule

$$\frac{\sqrt[m-1]{p_b \cdot p_c \cdot p_d \ldots}}{\sqrt[m-1]{\pi_b \cdot \pi_c \cdot \pi_d \ldots}}$$

correspondant au système de la moyenne des prix; et c'est même cette circonstance qui m'avait conduit à préférer le système de la moyenne des prix à celui de l'étalon multiple. Or, il a paru qu'elle obéissait, sous cette forme, à une loi très importante qui doit, à n'en pas douter, la régir sous quelque forme que ce soit, celle de la *marée économique*.

C'est Jevons qui a fait le premier cette construction, et il l'a faite à deux reprises : la première fois pour 38 marchandises anglaises et pour la période 1845-1862, $\pi_b$, $\pi_c$, $\pi_d$... ayant pour valeurs les moyennes arithmétiques des prix durant la période 1845-1850 (*A Serious Fall in the Value of Gold ascertained, and its Social Effects set forth.* 1863); la seconde fois pour 40 marchandises anglaises et pour la période 1782-1865, $\pi_b$, $\pi_c$, $\pi_d$... ayant pour valeurs les prix de 1782 (*The Variation of Prices and the Value of the Currency since 1782.* 1865). A chaque fois la courbe est apparue comme soumise à un double mouvement : 1° un mouvement d'ondulation causé par des fluctuations temporaires (*Temporary Fluctuations*) et qui se reproduit par périodes à peu près décennales, et 2° un mouvement d'ascension ou de descente causé par des fluctuations permanentes (*Permanent Fluctuations*) et qui se

produit par périodes irrégulières, par exemple, comme mouvement d'ascension de 1782 à 1810, comme mouvement de descente de 1810 à 1850, comme mouvement d'ascension de 1850 à 1865. Jevons me paraît avoir commis une erreur de théorie en ce qui concerne le second mouvement: celle de croire que les fluctuations permanentes provenaient de la variation absolue de valeur de la monnaie et en fournissaient la mesure. En fait, je suis disposé à croire avec lui que la hausse de 1782 à 1810, la baisse de 1810 à 1850 et la hausse de 1850 à 1865 ont tenu principalement à des variations dans la quantité de la monnaie; mais, en principe, je dois maintenir qu'elles ont ou auraient pu tenir aussi à des variations dans la quantité ou dans l'utilité des marchandises. En revanche, il me semble que Jevons a donné complètement et définitivement la théorie du mouvement occasionné par les fluctuations temporaires. Il en a, selon moi, signalé la vraie cause dans les alternatives d'activité et de ralentissement de la capitalisation *(Variations of Permanent Investment)*, indiqué les vrais symptômes qui sont, pour la phase d'élévation, la hausse du prix des matériaux de construction et du taux de l'escompte et, pour la phase d'abaissement, la baisse de ce prix et de ce taux; enfin il a donné au phénomène son nom de marée économique *(Commercial Tide)*. Des observations postérieures ont non-seulement confirmé la réalité et la régularité du phénomène en question, mais établi, de plus, qu'il n'était pas national, mais international ou universel.

### Construction de la Statistique du commerce de Hambourg.

82. La courbe de variation du prix de la richesse sociale en monnaie a été construite une autre fois, assez récemment, selon la formule correspondant au système de la moyenne des prix, par la Statistique du commerce de Hambourg. L'opération a porté sur 100 marchandises du marché de cette ville et sur la période 1847-1884. $\pi_b$, $\pi_c$, $\pi_d$... ont reçu pour valeurs les moyennes arithmétiques des prix durant la période 1847-1850. On trouve un résumé de ce travail à la fin de la publication de M. Ad. Soetbeer intitulée : *Materialen zur Erläuterung und Beurtheilung der wirthschaftlichen Edelmetallverhältnisse und der Währungsfrage* (Octobre 1885). Cette construction, à cause du grand nombre des marchandises considérées, du marché où elles ont été prises, des conditions dans lesquelles les prix en ont été relevés, enfin de la période à laquelle elle se rapporte, aurait une importance capitale et peut-être décisive dans la question de la monnaie si les valeurs de l'ordonnée étaient déduites de la formule correspondant au système de l'étalon multiple et si, surtout, elles nous étaient données année par année. S'il en était ainsi, nous pourrions partager la période 1850-1884 en les quatre périodes 1850-1858, 1859-1866, 1867-1875, 1876-1884, dont chacune, allant de marée basse à marée basse, comprendrait exactement une marée économique, prendre les moyennes de ces quatre périodes et distinguer, dans le mouvement de ces moyennes, le mouvement essentiel d'as-

cension et de descente de la courbe du prix de la richesse sociale en le numéraire et la monnaie. Mais les statisticiens de Hambourg et M. Soetbeer n'ont pas cru devoir tenir compte du phénomène de la marée économique; ils ont partagé la période 1850-1884 en les cinq périodes 1851-1860, 1861-1870, 1871-1875, 1876-1880 et 1881-1884 qui n'offrent pas le même intérêt. Et pourtant, telle qu'elle est, cette construction est bien expressive. Dans la période 1851-1860, qui est celle des grands arrivages d'or, la moyenne géométrique des prix est de 15.61 pour 100 plus élevée que dans la période 1847-1850; dans la période 1861-1870, qui est celle de la grande production d'argent succédant à la grande production d'or, elle l'est de 23.41 pour 100; dans la période 1871-1875, où l'afflux d'argent continue avec la liberté de frappe dans l'Union latine, elle l'est de 42.60 pour 100; dans la période 1876-1880, où la frappe des écus est limitée, elle ne l'est plus que de 22.61 pour 100; et enfin, dans la période 1881-1884, où la frappe des écus est suspendue, elle ne l'est plus que de 19.49 pour 100. Cela suffit, à ce qu'il semble, pour montrer que, si la raréfaction de la monnaie n'est pas la seule cause de la baisse actuelle des prix, elle y a du moins sa bonne part.

# III.

## CORRECTION DE LA COURBE DE VARIATION DU PRIX
## DE LA RICHESSE SOCIALE EN MONNAIE

*La courbe indéterminée étant soumise à la marée économique, il s'agit
de corriger la variation du niveau moyen de la marée.*

**33.** Procédant comme on le fait d'ordinaire dans les
sciences mathématiques, pour faire la théorie sur des
données générales, abstraites et hypothétiques avant
de passer à la pratique sur des données particulières,
concrètes et réelles, je représente les diverses valeurs
de la fonction

$$\frac{F\,(p_b,\ p_c,\ p_d \ldots)}{F\,(\pi_b,\ \pi_c,\ \pi_d \ldots)}$$

à 40 moments différents, soit pendant 40 années consécutives, d'abord par une courbe $ABCDE$ (Fig. 3)
posée arbitrairement et soumise seulement à un double
mouvement 1° d'ondulation temporaire, 2° de descente
permanente; ensuite par une autre courbe $GHIKL$
(Fig. 4) posée arbitrairement et soumise seulement à un
double mouvement 1° d'ondulation temporaire, 2° d'ascension permanente. Les valeurs des ordonnées de ces
deux courbes, inscrites dans les quatre colonnes des

Tableaux I et II ci-après, immédiatement à côté du chiffre des années, s'obtiennent de la façon suivante :

Durant les 10 premières années, qui seront, par hypothèse, les années de reflux à reflux pour la courbe ·ABCDE et de flux à flux pour la courbe GHIKL, on prend successivement les valeurs de la fonction

$$F (p_b, p_c, p_d \dots)$$

en introduisant comme valeurs des variables $p_b, p_c, p_d\dots$ les prix moyens annuels arithmétiques des marchandises (B), (C), (D)... et on tire la moyenne arithmétique de ces 10 valeurs de la fonction, laquelle donne, comme valeur de la fonction

$$F (\pi_b, \pi_c, \pi_d \dots),$$

le niveau de la première marée

$$\nu_1 = \frac{1}{10} \left[ F (p_{b,1},\ p_{c,1},\ p_{d,1} \dots) + F (p_{b,2},\ p_{c,2},\ p_{d,2} \dots) + \dots + F (p_{b,10},\ p_{c,10},\ p_{d,10} \dots) \right].$$

On marque alors, au-dessus et au-dessous d'une ligne $1 - X$, les points correspondants aux valeurs

$$\frac{F (p_{b,1},\ p_{c,1},\ p_{d,1} \dots)}{\nu_1},$$

$$\frac{F (p_{b,2},\ p_{c,2},\ p_{d,2} \dots)}{\nu_1},$$

$$\dots \dots \dots \dots \dots$$

$$\frac{F (p_{b,10},\ p_{c,10},\ p_{d,10} \dots)}{\nu_1},$$

valeurs inscrites dans les premières colonnes des tableaux. On marque de même les points correspondants aux valeurs

$$\frac{F\,(p_{b,11},\ p_{c,11},\ p_{d,11} \ldots)}{\nu_1},$$

$$\frac{F\,(p_{b,12},\ p_{c,12},\ p_{d,12} \ldots)}{\nu_1},$$

$$\cdot \quad \cdot \quad \cdot \quad \cdot \quad \cdot \quad \cdot \quad \cdot$$

$$\frac{F\,(p_{b,20},\ p_{c,20},\ p_{d,20} \ldots)}{\nu_1},$$

valeurs inscrites dans les secondes colonnes des tableaux. Et de même pour les 40 points de la courbe.

Cela fait, le problème à résoudre est simple : il consisterait à laisser aux deux courbes $ABCDE$ et $GHIKL$ leur mouvement d'ondulation en supprimant pour l'une le mouvement de descente et pour l'autre le mouvement d'ascension. Or voici, à titre d'indication, comment on pourrait procéder dans l'un et l'autre cas.

Baisse du niveau moyen de la marée; introduction de billon régulateur.

**34.** Tirant la moyenne arithmétique des valeurs de la seconde colonne du Tableau I, on a le rapport $\dfrac{\nu_2}{\nu_1}$ du niveau de la seconde marée à celui de la première. Ce rapport étant, par hypothèse, $< 1$, on augmente, dans la proportion de $\nu_1$ à $\nu_2$, par introduction de billon régulateur, la quantité totale de la marchandise mon-

naie, et, par suite, la quantité de monnaie en circulation. Dès lors, la fonction qui aurait pris les valeurs

$$\frac{F\,(p_{b,21}\,,\ p_{c,21}\,,\ p_{d,21}\ ...)}{\nu_1},$$

$$\frac{F\,(p_{b,22}\,,\ p_{c,22}\,,\ p_{d,22}\ ...)}{\nu_1},$$

$$. \quad . \quad . \quad . \quad . \quad . \quad .$$

$$\frac{F\,(p_{b,29}\,,\ p_{c,29}\,,\ p_{d,29}\ ...)}{\nu_1},$$

prend les valeurs

$$\frac{F\,(p_{b,21}\,,\ p_{c,21}\,,\ p_{d,21}\ ...)}{\nu_2},$$

$$\frac{F\,(p_{b,22}\,,\ p_{c,22}\,,\ p_{d,22}\ ...)}{\nu_2},$$

$$. \quad . \quad . \quad . \quad . \quad . \quad .$$

$$\frac{F\,(p_{b,29}\,,\ p_{c,29}\,,\ p_{d,29}\ ...)}{\nu_2},$$

valeurs inscrites à droite dans la troisième colonne du
tableau ; c'est-à-dire que la partie CD de la courbe a
été relevée en C'D'. Tirant la moyenne arithmétique
des valeurs en question, on a le rapport $\dfrac{\nu_3}{\nu_2}$ du niveau
de la troisième marée à celui de la seconde. Ce rapport
étant encore, par hypothèse, $< 1$, on augmente encore
dans la proportion de $\nu_2$ à $\nu_3$, par introduction de bil-

lon régulateur, la quantité totale de la marchandise monnaie, et, par suite, la quantité de monnaie en circulation, déjà augmentée dans la proportion de $\nu_1$ à $\nu_2$. Dès lors, la fonction qui aurait pris les valeurs

$$\frac{F\,(p_{b,30},\ p_{c,30},\ p_{d,30} \ldots)}{\nu_1},$$

$$\frac{F\,(p_{b,31},\ p_{c,31},\ p_{d,31} \ldots)}{\nu_1},$$

$$\cdot\ \cdot\ \cdot\ \cdot\ \cdot\ \cdot\ \cdot\ \cdot$$

$$\frac{F\,(p_{b,40},\ p_{c,40},\ p_{d,40} \ldots)}{\nu_1},$$

prend les valeurs

$$\frac{F\,(p_{b,30},\ p_{c,30},\ p_{d,30} \ldots)}{\nu_3},$$

$$\frac{F\,(p_{b,31},\ p_{c,31},\ p_{d,31} \ldots)}{\nu_3},$$

$$\cdot\ \cdot\ \cdot\ \cdot\ \cdot\ \cdot\ \cdot\ \cdot$$

$$\frac{F\,(p_{b,40},\ p_{c,40},\ p_{d,40} \ldots)}{\nu_3},$$

valeurs inscrites à droite dans la quatrième colonne du tableau; c'est-à-dire que la partie DE de la courbe a été relevée en D'E'. Et ainsi de suite.

Nous avons supposé que l'augmentation dans la quantité de monnaie en circulation se faisait tout d'un coup et que son effet était instantané. Si nous supposons maintenant que cette augmentation se fasse en deux ans, ou que son effet ne soit complètement senti qu'au bout de deux ans, les lignes $Cc$, $D'd$ se substitueront aux lignes $CC'c$, $D'D''d$, de telle sorte qu'en fin de compte la courbe A B C D E aura été remplacée par la courbe A B C $c$ D' $d$ E'.

## TABLEAU I.

| | | | | | | | | | |
|---|---|---|---|---|---|---|---|---|---|
| | | | | 20 | $0.90 \times \dfrac{1}{0.94}$ | $= 0.9550$ | 29 | $0.82 \times \dfrac{1}{0.86}$ | $= 0.9533$ |
| 1 | 0.99 | 11 | 0.94 | 21 | 0.85 | 0.9042 | 30 | 0.83 | 0.9652 |
| 2 | 0.96 | 12 | 0.88 | 22 | 0.82 | 0.8723 | 31 | 0.78 | 0.9070 |
| 3 | 0.95 | 13 | 0.90 | 23 | 0.85 | 0.9042 | 32 | 0.75 | 0.8721 |
| 4 | 0.96 | 14 | 0.85 | 24 | 0.84 | 0.8936 | 33 | 0.71 | 0.8256 |
| 5 | 0.97 | 15 | 0.93 | 25 | 0.86 | 0.9150 | 34 | 0.70 | 0.8140 |
| 6 | 1.»» | 16 | 1.03 | 26 | 0.89 | 0.9467 | 35 | 0.76 | 0.8838 |
| 7 | 1.04 | 17 | 1.»» | 27 | 0.92 | 0.9787 | 36 | 0.78 | 0.9070 |
| 8 | 1.07 | 18 | 1.01 | 28 | 0.89 | 0.9467 | 37 | 0.82 | 0.9535 |
| 9 | 1.05 | 19 | 0.96 | 29 | 0.82 | 0.8723 | 38 | 0.83 | 0.9652 |
| 10 | 1.01 | 20 | 0.90 | | | | 39 | 0.82 | 0.9585 |
| | | | | | | | 40 | 0.80 | 0.9303 |
| $\dfrac{v_1}{v_1}=1.$»» | | $\dfrac{v_2}{v_1}=0.94$ | | $\dfrac{v_3}{v_1}=0.86$   $\dfrac{v_3}{v_2}=0.9150$ | | | $\dfrac{v_4}{v_1}=0.78$   $\dfrac{v_4}{v_3}=0.9070$ | | |

Hausse du niveau moyen de la marée; retrait de billon régulateur.

35. Par des procédés exactement analogues, c'est-à-dire semblables sauf que, au lieu d'augmenter la quan-

tité de monnaie en circulation au moment du reflux par introduction de billon régulateur, on la diminuerait au moment du flux par retrait de billon régulateur, et qu'au lieu de supposer l'opération faite en deux ans ou son effet senti au bout de deux ans, on la supposerait faite en trois ans ou son effet senti au bout de trois ans, la courbe G H I K L pourrait être remplacée par la courbe G H I $i$ K'$k$ L'.

## TABLEAU II.

| | | | | | | | | | |
|---|---|---|---|---|---|---|---|---|---|
| 1 | 0.99 | 11 | 0.98 | 20 | $1.15 \times \dfrac{1}{1.08}$ | $= 1.0649$ | 31 | $1.22 \times \dfrac{1}{1.18}$ | $= 1.0337$ |
| 2 | 1.02 | 12 | 1.05 | 21 | 1.17 | 1.0834 | 32 | 1.28 | 1.0421 |
| 3 | 1.06 | 13 | 1.18 | 22 | 1.19 | 1.1019 | 33 | 1.26 | 1.0675 |
| 4 | 1.05 | 14 | 1.14 | 23 | 1.22 | 1.1297 | 34 | 1.31 | 1.1099 |
| 5 | 1.06 | 15 | 1.03 | 24 | 1.22 | 1.1297 | 35 | 1.36 | 1.1523 |
| 6 | 1.»» | 16 | 1.10 | 25 | 1.19 | 1.1019 | 36 | 1.41 | 1.1946 |
| 7 | 0.97 | 17 | 1.06 | 26 | 1.18 | 1.0926 | 37 | 1.31 | 1.1099 |
| 8 | 0.94 | 18 | 1.04 | 27 | 1.15 | 1.0649 | 38 | 1.30 | 1.1014 |
| 9 | 0.95 | 19 | 1.07 | 28 | 1.13 | 1.0463 | 39 | 1.25 | 1.0591 |
| 10 | 0.96 | 20 | 1.15 | 29 | 1.13 | 1.0463 | 40 | 1.27 | 1.0760 |
| | | | | 30 | 1.18 | 1.0926 | | | |
| | | | | 31 | 1.22 | 1.1297 | | | |

$$\frac{v_1}{v_1} = 1.\text{»»} \qquad \frac{v_2}{v_1} = 1.08 \qquad \frac{v_3}{v_1} = 1.18 \qquad \frac{v_3}{v_2} = 1.0926 \qquad \frac{v_4}{v_1} = 1.30 \qquad \frac{v_4}{v_3} = 1.1014$$

### Règles à observer.

36. Le succès de cette régularisation de la variation
de valeur de la monnaie par introduction et retrait de
billon régulateur suppose deux conditions dont il ap-
partient à la statistique expérimentale de confirmer
l'existence : 1° que le mouvement d'ondulation (fluctuation temporaire) de la courbe de variation du prix de
la richesse sociale en monnaie est assez régulier pour
qu'on en puisse discerner le flux, la marée haute, le reflux, la marée basse ; 2° que le mouvement d'ascension
ou de descente (fluctuation permanente) de la même
courbe est assez prolongé, en général, pour porter sur
plusieurs marées consécutives. A ces deux conditions,
il est évident que, l'ascension ou la descente du niveau
d'une marée étant sensiblement contrebalancée par la
correction relative à l'ascension ou à la descente du niveau de la marée précédente, la valeur de la monnaie
est suffisamment régulière durant tout le cours de la
fluctuation permanente et ne monte ou ne descend que
durant le cours de la première fluctuation temporaire.
C'est ainsi que, sur notre Fig. 3, la descente de la courbe
ne se fait sentir que de B en C, et que l'horizontalité en
est assurée de C en E′. et que, sur notre Fig. 4, l'ascension de cette courbe ne se fait sentir que de H en I, et
que l'horizontalité en est assurée de I en L′. Et encore
est-il bien certain que, quand la pratique du système
(si le système est praticable) y aura fait introduire tous
les perfectionnements convenables, notre dessin sem-

blera aussi grossier que nous le paraîtrait aujourd'hui le premier métier à filer ou à tisser ou la première machine à coudre. Sous réserve de ces perfectionnements futurs, je me hasarderai à formuler les quelques règles suivantes qu'il faudrait observer :

*Inaugurer le système pendant un mouvement permanent de descente et non d'ascension*, c'est-à-dire par *une introduction de billon régulateur et non par un retrait*; et cela afin de faire réaliser à l'Etat des bénéfices au moyen desquels il puisse couvrir facilement des pertes ultérieures, au lieu de lui faire subir des pertes qu'il ne pourrait que difficilement couvrir par des bénéfices ultérieurs;

*Opérer l'introduction de billon régulateur au moment du reflux*, c'est-à-dire de la crise, quand les prix baissent et que la monnaie est exceptionnellement demandée pour les règlements et les liquidations, bref, au moment où la Banque d'Angleterre sollicite et obtient la suspension de l'acte de 1844 et émet de la monnaie de papier pour remédier à l'insuffisance momentanée de la monnaie de métal; au contraire, *opérer le retrait de billon régulateur au moment du flux*, c'est-à-dire de la reprise des affaires, quand les prix s'élèvent et que le crédit supplée largement la monnaie;

*Effectuer cette introduction ou ce retrait de billon régulateur dans la proportion exactement inverse de la descente ou de l'ascension du niveau de la dernière marée sur le niveau de la marée précédente*, de façon à ce que, durant le cours d'une marée quelconque, les prix ne soient en baisse ou en hausse, par rapport aux prix initiaux, que du fait des circonstances afférentes à cette marée et correction faite des circonstances afférentes à toutes les marées précédentes;

*Ne faire l'introduction du billon régulateur que si on a lieu de croire que la baisse continuera, et n'en faire le retrait que si on a lieu de croire que la hausse continuera; en cas de doute, attendre le flux qui suivra le reflux, ou le reflux qui suivra le flux; et cela, afin* de ne pas exagérer, au lieu de les restreindre, les mouvements d'ascension ou de descente de la courbe en introduisant du billon régulateur à la veille d'une hausse des prix ou en en retirant à la veille d'une baisse.

# IV,

## LE QUADRIGE MONÉTAIRE

**Changement de rapport légal bimétallique.**

37. Il est assez évident qu'un retrait prolongé de billon régulateur aboutit au monométallisme-or et qu'une addition prolongée aboutit au bimétallisme et au monométallisme-argent. Maintenant, pourrait-on revenir du monométallisme-or, du bimétallisme, du monométallisme-argent au système du billon régulateur? Il faut, pour répondre à cette question, être fixé d'abord sur l'influence du taux du rapport légal de valeur de l'or et de l'argent en matière de bimétallisme.

Les monométallistes opposent souvent aux bimétallistes un argument qu'ils honorent du nom de réduction à l'absurde et qui consiste en ceci : « Votre rapport de 15 1/2 est arbitraire ; au lieu de 15 1/2, le législateur aurait pu dire 20, ou 36 1/4, ou 10, ou 3 3/4... Or il est absurde de soutenir que le législateur puisse établir un rapport quelconque de valeur entre l'or et l'argent ». Cet argument ne laisse pas que d'être assez fort contre les bimétallistes qui, vraiment, ont trop l'air de croire que ce rapport légal quelconque, une fois décrété, s'éta-

blirait immédiatement et se maintiendrait perpétuellement ; mais il suffit de savoir que le bimétallisme peut
se résoudre tantôt en monométallisme-or, tantôt en monométallisme-argent pour réfuter en ces termes l'argument des monométallistes : — « Le législateur peut
assurément décréter un rapport quelconque de valeur
entre l'or et l'argent ; mais ce qu'il ne peut pas faire,
c'est que ce rapport se maintienne, ni même s'établisse
effectivement, s'il s'écarte trop d'un certain taux conforme aux circonstances. Si ce rapport légal est trop
fort, c'est-à-dire trop à l'avantage de l'or, l'argent restera entièrement à l'état de marchandise, et, en fait,
le législateur aura décrété le monométallisme-or ; s'il
est trop faible, c'est-à-dire trop à l'avantage de l'argent,
ce sera l'or qui demeurera, pour sa quantité totale, à
l'état de marchandise, et, en fait, le législateur aura
décrété le monométallisme-argent ». C'est ce qu'il est
bon de montrer graphiquement.

La Fig. 2 avait été construite de la manière suivante.
Les *temps*, soit les années, se comptaient sur l'axe horizontal O—45. Les *quantités* d'argent correspondant à
chaque temps, et évaluées en francs de 5 grammes à
9/10 de fin, se comptaient sur l'axe vertical $Oq$ et sur
des parallèles à cet axe ; elles variaient suivant la courbe
$AA_{45}$. Les *quantités* d'or correspondant à chaque temps,
et comptées en francs de $\dfrac{5}{15,5}$ grammes à 9/10 de fin,
se comptaient sur l'axe vertical $Oq'$ et sur des parallèles
à cet axe ; elles variaient suivant la courbe $BB_{45}$. Enfin
la courbe $A'A'_{45}$ partageait les quantités d'argent en

francs d'argent marchandise et francs d'argent monnaie, et la courbe $B'B'_{45}$ partageait les quantités d'or en francs d'or monnaie et francs d'or marchandise, de telle sorte que les quantités de monnaie étaient représentées par les longueurs comprises entre les deux courbes $A'A'_{45}$ et $B'B'_{45}$. La Fig. 5 a été construite de la même façon, mais dans l'hypothèse d'un rapport légal de 7 3/4, c'est-à-dire que les quantités d'or, comptées en francs de $\frac{5}{7,75}$ grammes à 9/10, y sont de 50 % plus faibles que dans la figure précédente. Les quantités respectives d'argent et d'or marchandise et monnaie sont indiquées par les deux courbes $A'A'_{45}$ et 18-40. La Fig. 6 a été construite aussi comme la Fig. 2, mais dans l'hypothèse d'un rapport légal de 23 1/4, c'est-à-dire que les quantités d'or, comptées en francs de $\frac{5}{23,25}$ grammes à 9/10, y sont de 50 % plus fortes que dans la Fig. 2. Les quantités respectives d'argent et d'or marchandise et monnaie sont indiquées par les deux courbes $A'A'_{45}$ et $B'B'_{45}$. Or on voit tout de suite que, comme cela doit être, le métal apprécié tend de plus en plus à prendre la forme de monnaie, et le métal déprécié à garder la forme de marchandise. Dans la Fig. 2, les deux métaux jouaient un rôle à peu près égal dans la circulation monétaire; dans la Fig. 5, l'argent ne sort pas de la circulation, tandis que l'or n'y paraît que pendant les années 19-40; dans la Fig. 6, c'est l'or qui ne sort de la circulation qu'un instant, pendant l'année 13, tandis que l'argent n'y paraît que pendant les années 1-23 et 37-45. Nul doute qu'un rapport légal inférieur à 7 3/4 n'eût complètement chassé l'or, et qu'un rapport légal supérieur à 23 1/4 n'eût complètement chassé l'argent.

**Retour du monométallisme au bimétallisme. Retour du monométallisme-or et du bimétallisme au billon régulateur.**

38. Il suit de là que, quand le bimétallisme s'est résolu en monométallisme-or, on peut y rentrer soit au bout d'un certain temps sans changement de rapport légal, si la quantité de l'or vient à diminuer et celle de l'argent à augmenter, soit immédiatement au moyen d'un rapport légal plus bas. C'est ainsi, par exemple, que, pendant les années 24-36, on rentrerait dans le bimétallisme en substituant le taux de 7 3/4 au taux de 23 1/4. Il suit de là que, quand le bimétallisme s'est résolu en monométallisme-argent, on peut y rentrer soit au bout d'un certain temps sans changement de rapport légal, si la quantité de l'argent vient à diminuer et celle de l'or à augmenter, soit immédiatement au moyen d'un rapport légal plus élevé. C'est ainsi, par exemple, que, pendant les années 1-12, on rentrerait dans le bimétallisme en substituant, au contraire, le taux de 23 1/4 au taux de 7 3/4.

Il suit de là également que, quand le système du billon régulateur s'est résolu en monométallisme-or, on peut y rentrer soit au bout d'un certain temps sans changement de rapport légal, si la quantité de l'or vient à diminuer sans diminution dans la quantité de l'argent, soit immédiatement au moyen d'un rapport légal plus bas. C'est ainsi, par exemple, qu'en l'année 28, on pourrait, au lieu de rentrer dans le bimétallisme, en substituant le taux de 7 3/4 au taux de 23 1/4 et en laissant faire à ce taux une frappe illimitée d'argent par les particuliers, rentrer dans le billon régulateur en faisant faire, au taux de 7 3/4, une frappe limitée d'argent par l'Etat.

On peut revenir du bimétallisme au billon régulateur, quand la quantité de l'or augmente sans diminution dans la quantité de l'argent, en limitant la frappe de l'argent. On le peut aussi, de la même façon, quand la quantité de l'or diminue mais que la quantité de l'argent augmente dans une proportion plus considérable. Seulement, il faut prendre garde, en ce cas, de ne pas tomber brusquement du billon régulateur dans le monométallisme-argent; il vaudrait mieux y arriver sans secousse par le bimétallisme. On ne peut évidemment pas revenir directement du monométallisme-argent au billon régulateur : il faut passer, ici encore, par le bimétallisme, de sorte que le bimétallisme doit être considéré surtout, et abstraction faite du cas spécial et exceptionnel où les variations de quantité des deux métaux se compensent exactement, comme le système intermédiaire entre le billon régulateur et le monométallisme-argent.

#### Il faut pratiquer les quatre systèmes.

**39.** Ce qui résulte donc enfin de toute cette étude, c'est que, pour obtenir la plus grande stabilité possible des prix, il ne faut pas la chercher dans la pratique de l'un ou de l'autre de ces quatre systèmes : monométallisme-or, monométallisme-argent, bimétallisme, billon régulateur, mais la demander à la pratique alternative de tous les quatre. Il faut se représenter les quatre systèmes comme placés dans l'ordre suivant, qui va du haut au bas de nos figures :

**Monométallisme-argent—Bimétallisme—Billon régulateur—Monométallisme-or,**

et, en partant d'un des deux systèmes intermédiaires, se laisser conduire par les circonstances à l'un ou à l'autre des deux systèmes extrêmes, pour revenir, avec ou sans changement de taux du rapport légal de la valeur des deux métaux, des systèmes extrêmes aux systèmes intermédiaires, en opérant comme le cocher d'un char à quatre chevaux ou, mieux encore, comme un de ces écuyers du Cirque qui chevauchent quatre montures en passant de l'une à l'autre. Je vais éclaircir tout à fait cette idée au moyen des figures 5 et 6, dans lesquelles il a été fait abstraction des variations dans l'utilité des métaux précieux et tenu compte seulement des variations dans leur quantité ; d'ailleurs, je supposerai maintenant qu'au lieu de représenter des années, les unités horizontales représentent des périodes décennales de marée économique.

Au début de la période 1, on est au régime du billon régulateur. La quantité de francs d'or monnaie est OB′ (Fig. 6) ; la quantité de francs d'argent monnaie, qui serait OA′ si la frappe était illimitée sur le pied du rapport de 23 1/4, est limitée à Oα′. A la fin de la pé-

riode 4, par suite de l'augmentation dans la quantité
de l'or, le billon régulateur se résout en monométallisme-or. Durant la période 5, on est au régime du
monométallisme-or. Au début de la période 6, on peut,
par suite de la diminution dans la quantité de l'or, revenir du monométallisme-or au billon régulateur, sans
changement de rapport légal. A la fin de la période 8,
par suite d'une augmentation dans la quantité de l'argent moins considérable que la diminution dans la
quantité de l'or, le billon régulateur se résout en bimétallisme. Durant la période 9, on est au régime du
bimétallisme. Au début de la période 10, grâce à une
augmentation dans la quantité de l'argent plus considérable que la diminution dans la quantité de l'or,
on pourrait revenir du bimétallisme au billon régulateur ; mais on irait ainsi tomber brusquement dans le
monométallisme-argent, au lieu d'y arriver sans secousse comme on le fait à la fin de la période 12. Durant la période 13 on est au régime du monométallisme-
argent. Au début de la période 14, on peut, par suite
de la diminution dans la quantité de l'argent et de
l'augmentation dans la quantité de l'or, revenir du monométallisme-argent au bimétallisme, sans changement
de rapport légal. A la fin de la période 23, par suite
de la diminution continue dans la quantité de l'argent
et de l'augmentation continue dans la quantité de l'or,
le bimétallisme se résout en monométallisme-or. Du
début de la période 24 à la fin de la période 27, on est
au régime du monométallisme-or. Au début de la période 28, par suite de la diminution dans la quantité

*

de l'or, on pourrait revenir du monométallisme-or au bimétallisme en abaissant le taux du rapport légal de 23 1/4 à 7 3/4. On revient plutôt au billon régulateur en commençant à faire, au taux de 7 3/4, une frappe limitée d'argent (Fig. 5). Du commencement de la période 28 à la fin de la période 34, on est au régime du billon régulateur qui, alors, par suite de la diminution dans la quantité de l'or et de l'augmentation dans la quantité de l'argent, se résout en bimétallisme. Le bimétallisme, par les mêmes causes, se résout à la fin de la période 40 en monométallisme-argent lequel dure du début de la période 41 à la fin de la période 45.

On aurait remédié de la sorte à toutes les variations dans la quantité des deux métaux précieux sauf à l'augmentation dans la quantité de l'or en cas de monométallisme-or, ou à l'augmentation dans la quantité de l'argent en cas de monométallisme-argent, ou enfin à la diminution simultanée dans la quantité de l'or et dans la quantité de l'argent en cas de bimétallisme. Pour peu qu'on y réfléchisse, on reconnaîtra qu'il est impossible de parer aux deux premières éventualités en laissant la monnaie soumise à cette condition que sa valeur de monnaie ne soit pas supérieure à sa valeur de marchandise. L'une ou l'autre de ces deux éventualités se présentant, il faudrait donc s'y résigner et subir la hausse du prix des produits en laissant l'équilibre se rétablir par la hausse du prix des services producteurs. L'Etat pourrait favoriser ce rétablissement de l'équilibre en élevant les traitements de tous ses fonctionnaires et employés dans une proportion qui servirait de base pour l'élévation de tous les salaires, de tous les fermages et de tous les intérêts. Quant à la troisième éventualité, celle d'une diminution simultanée dans la quantité de l'or et dans la quantité de l'argent en cas de bimétallisme, il ne serait pas bien difficile d'y parer, dans un état social régulier et normal, par l'émission d'une certaine quantité de monnaie de papier qui serait effectuée par l'Etat dans les mêmes conditions et de la même façon que celle du billon régulateur. Il va sans dire que, dans cette combinaison, comme dans celle du billon régulateur, l'émission des billets de banque serait ou interdite ou limitée. C'est ainsi que la conduite du quadrige monétaire réaliserait non pas la stabilité absolue, mais la plus grande stabilité possible des prix des marchandises en monnaie.

Et, quant à présent, il faut se tenir au billon régulateur, en inclinant dans le sens du bimétallisme.

40. Revenons à l'état présent des choses. J'espère que, pour tous les lecteurs qui m'auront suivi jusqu'ici, la question monétaire actuelle sera maintenant aussi claire qu'elle l'est pour moi. En ce moment, la quantité de l'or tend à diminuer et la quantité de l'argent tend à augmenter. Donc la situation la plus favorable que nous pourrions souhaiter serait de nous trouver au régime du billon régulateur avec faculté d'ajouter de ce billon dans la circulation. Or cette situation est précisément celle de l'Union latine, de l'Allemagne et des Etats-Unis. L'Angleterre ouvre les yeux et comprend

enfin que l'appréciation croissante de l'or jointe à la dépréciation croissante de l'argent ruine son industrie et déséquilibre les rapports économiques entre l'Inde et elle. Par conséquent, qu'elle se mette aussi, elle et l'Inde, au régime du billon régulateur, et que, cela fait, toutes les grandes puissances monétaires s'acheminent ensemble, et autant qu'il le faudra pour maintenir les prix, vers le bimétallisme. Mais pour Dieu ! qu'elles ne fassent pas l'énorme sottise de s'y précipiter tête baissée et de faire ainsi succéder brusquement la hausse des prix à la baisse, en demeurant d'ailleurs complètement à la merci d'une diminution dans la quantité de l'argent qui viendrait à remplacer l'augmentation, et cela à seule fin de faire faire à quelques spéculateurs des bénéfices qu'il est si facile de réserver à l'Etat. Il est vrai que, pour faire fonctionner ainsi plus ou moins universellement le système du quadrige monétaire, il faudrait évidemment un taux international de rapport de valeur entre les deux métaux. Je rentre, en terminant, sur le terrain de la statistique, dont je me suis quelque peu éloigné dans ce paragraphe, pour constater que ce serait à elle à fixer ce taux au chiffre le plus convenable et à le modifier quand cela serait nécessaire.

# TABLE DES MATIÈRES

## INTRODUCTION



## THÉORIE DE LA MONNAIE

### 1ʳᵉ Partie : — **Exposition des principes.**

## 2ⁿᵉ Partie : — **Critique des systèmes.**



## 3ᵐᵉ Partie : — **Desiderata statistiques.**

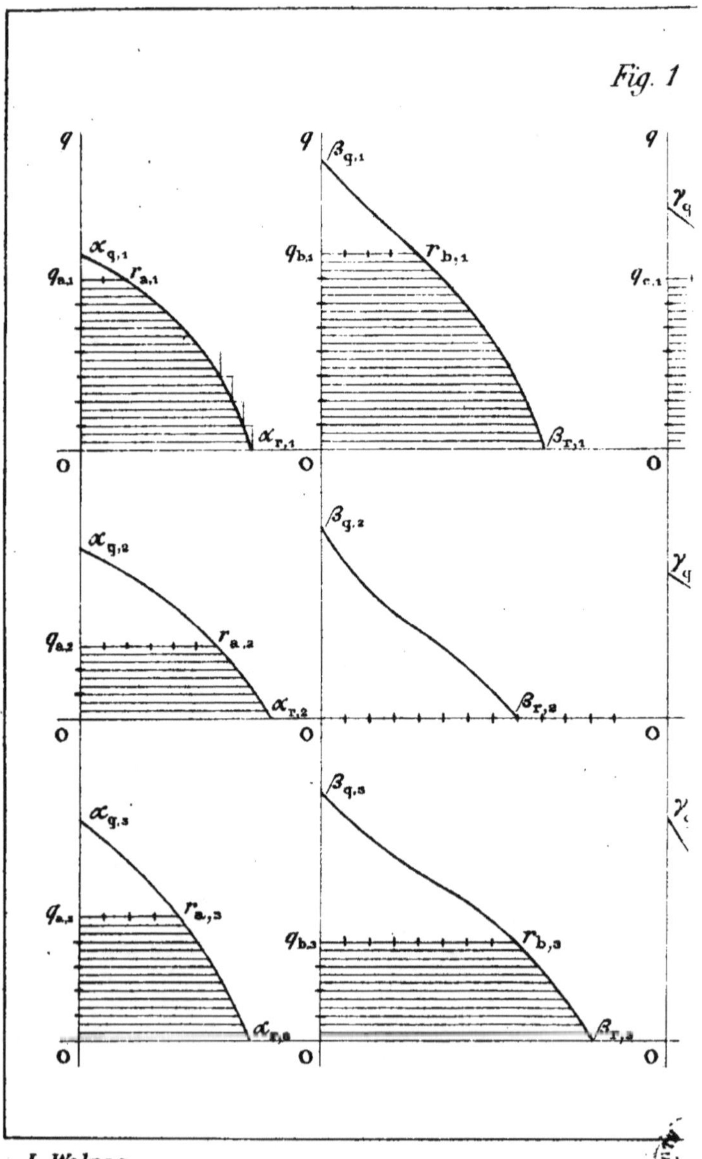
Fig. 1
q
q
q
γq
αq,1
qa,1
ra,1
βq,1
qb,1
rb,1
qc,1
αr,1
O
βr,1
O
O
αq,2
γq
qa,2
ra,2
βq,2
αr,2
O
βr,2
O
O
αq,3
γ
qa,3
ra,3
βq,3
qb,3
rb,3
αr,3
O
βr,3
O
O
L.Walras.

## Fig. 1

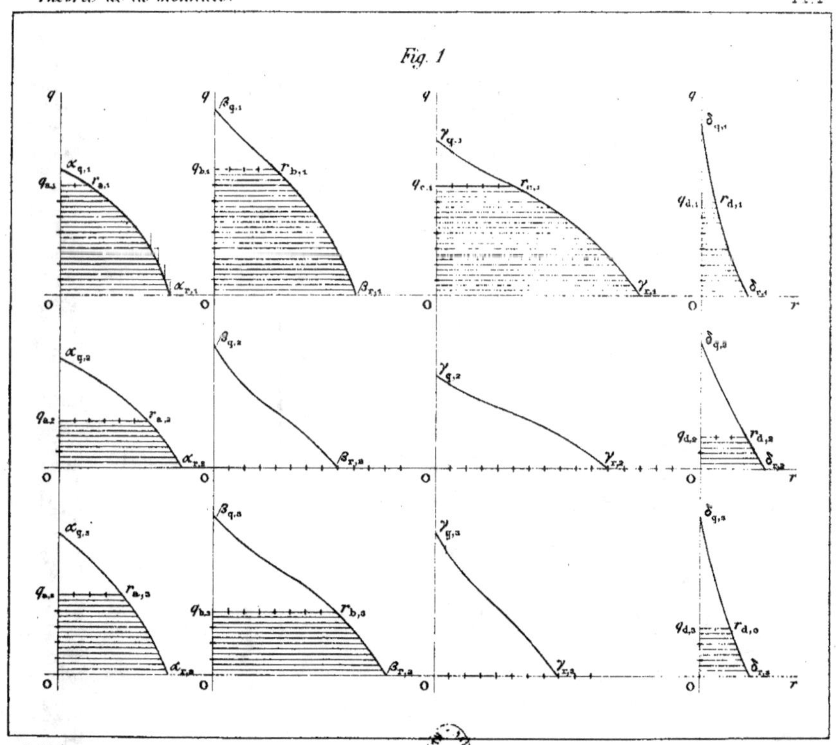

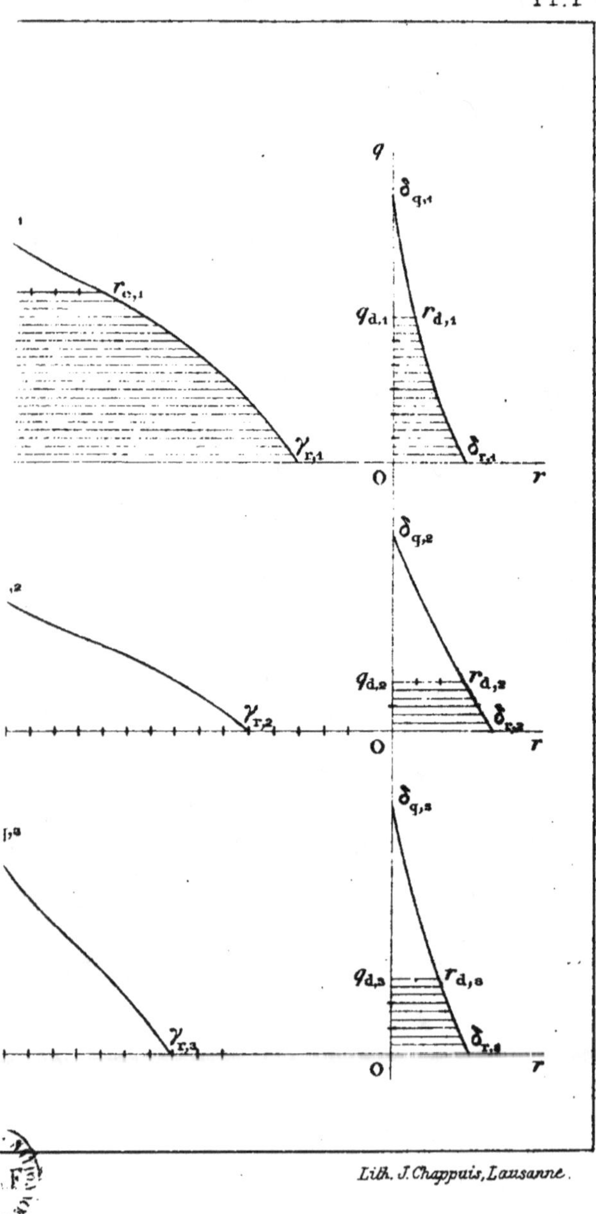


Lith. J. Chappuis, Lausanne.

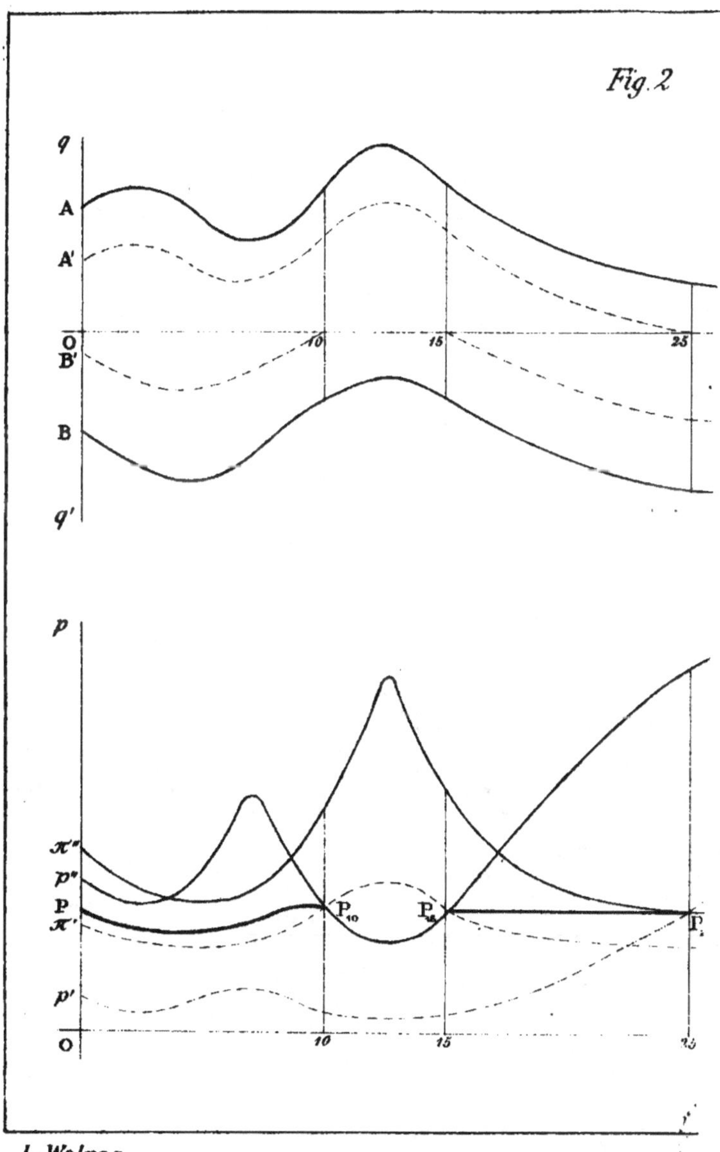

Théorie de la monnaie.
Fig. 2
q
A
A'
O
B'
B
q'
10
15
25
p
π"
p"
P
π'
p'
O
10
15
25
P10
P15
P
L. Walras.

Fig. 2 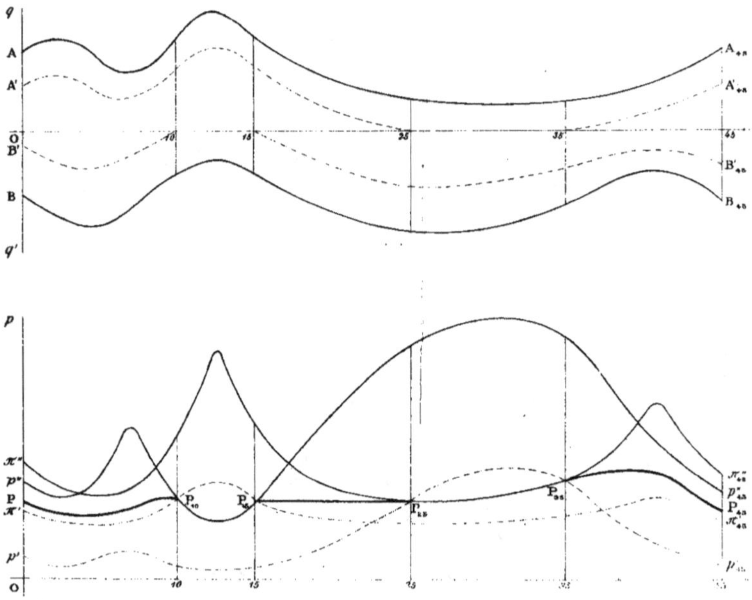
q
A
A'
O
B'
B
q'
p
π"
p"
P
π'
p'
O
A₄₅
A'₄₅
B'₄₅
B₄₅
π"₄₅
p"₄₅
P₄₅
π'₄₅
P₄₅
L.Walras.

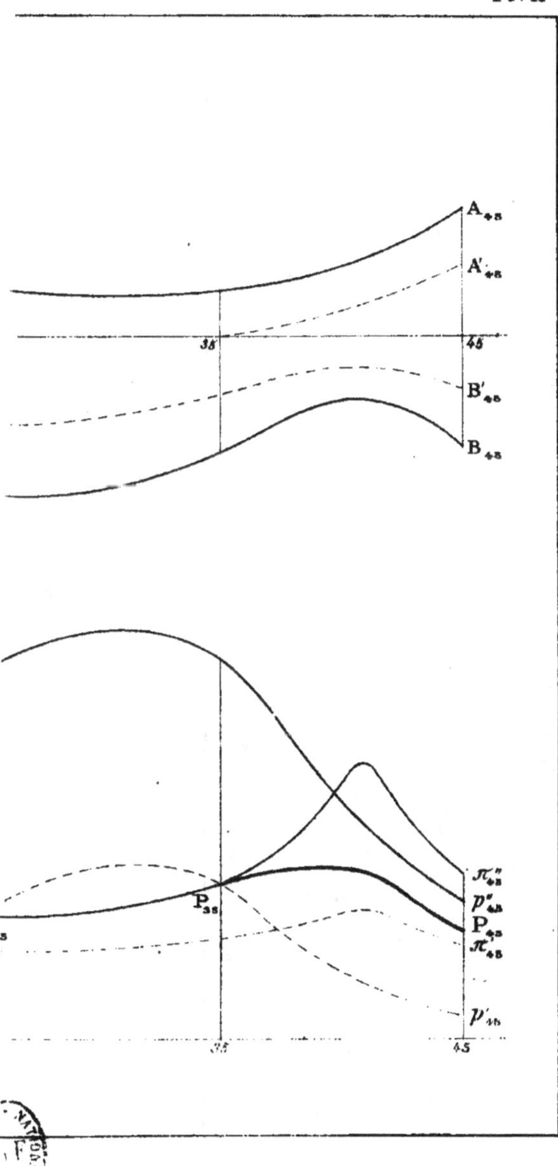
A_45
A'_45
35
45
B'_45
B_45
π''_45
p'_45
P_45
π_45
p'_45
P_35
5
35
45
L. Wall

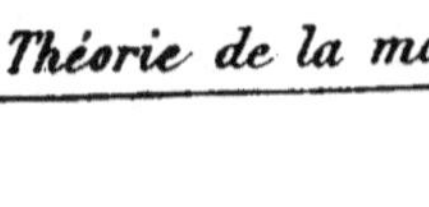

Théorie de la mo

Pl. III

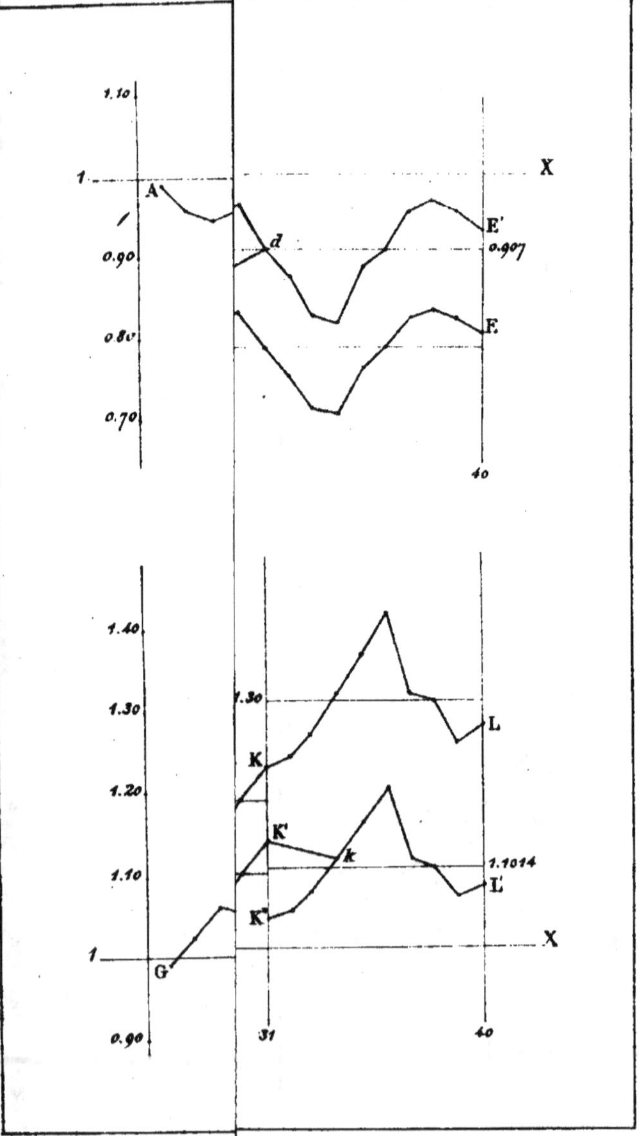

1.10
1
X
A
0.90
d
0.907
E'
0.80
F
0.70
40
1.40
1.30
1.30
L
K
1.20
K'
k
1.1014
1.10
L'
K"
1
X
G
0.90
31
40
L. Walras.

Fig. 3 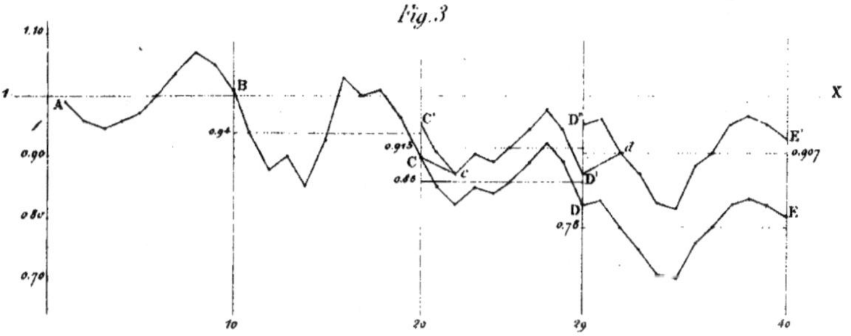
1.10
1
0.90
0.80
0.70
0,94
0.915
0.86
A
B
C'
C
c
D'
D'
D'
d
D
0.78
E'
0,907
E
10
20
29
40
X



Fig. 4 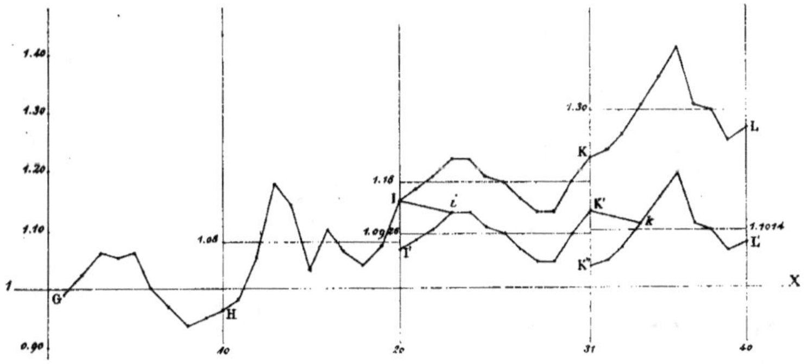
1.40
1.30
1.20
1.10
1
0.90
1.08
1.09,26
1.18
1.30
G
H
I
I'
i
K
K'
k
K"
L
1.1014
L'
X
10
20
31
40

Pl. III

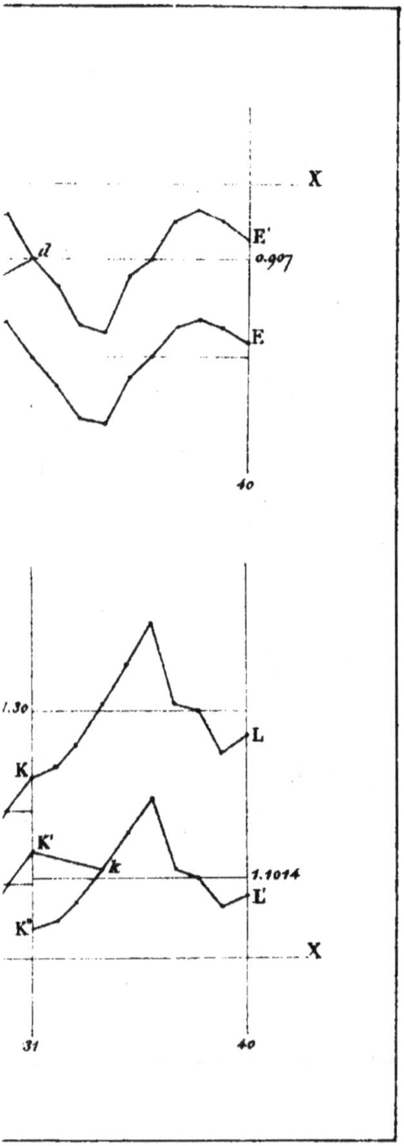

Pl. III

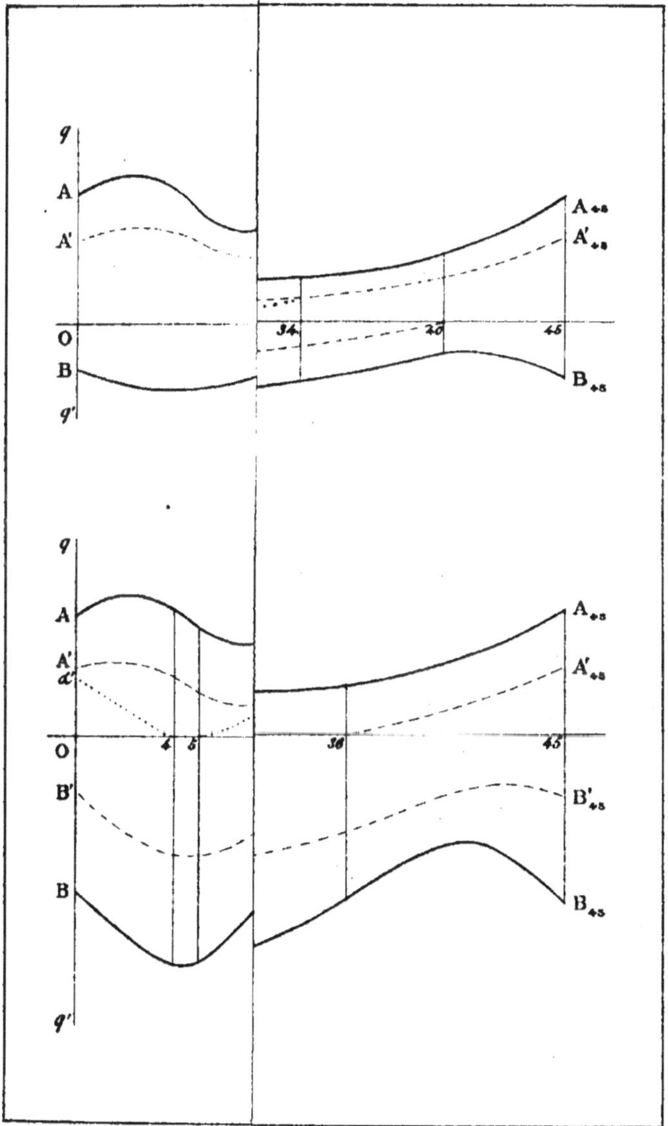

L. Walras.    Lith. J. Chappuis, Lausanne.

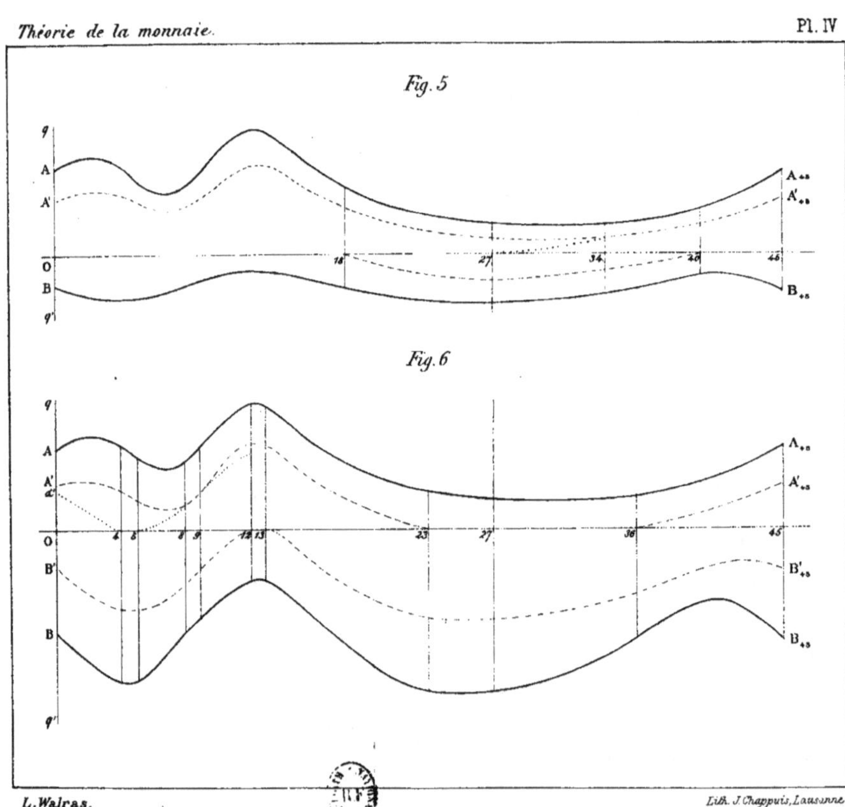


Fig. 5
q
A
A'
O
B
q'
A₊ₛ
A'₊ₛ
18
27
34
45
B₊ₛ
Fig. 6
q
A
A'
a
O
B'
B
q'
4 5
8 9
12 13
23
27
36
45
Λ₊ₛ
A'₊ₛ
B'₊ₛ
B₊ₛ